Der Weg zum Selbstversorger

Wie Sie mit eigener Permakultur ganzjährig Obst und Gemüse anbauen, Tiere halten und Ihren Alltag nachhaltig gestalten

Andreas Frohberg

Andreas Frohberg

DER WEG ZUM SELBSTVERSORGER

Wie Sie mit eigener Permakultur ganzjährig Obst und Gemüse anbauen, Tiere halten und Ihren Alltag nachhaltig gestalten

Inhaltsverzeichnis

1. Was ist Selbstversorgung? – Eine Einführung

Die Digitalisierung hat uns alle fest im Griff. Wir sind ständig erreichbar und die Grenze zwischen Arbeit und Privatleben verschwimmt zunehmend. Erlebnisse hautnah zu spüren, Wetter und natürliche Taktgeber wahrzunehmen, dies wird uns mehr und mehr verwehrt oder erschwert durch den Rhythmus, dem wir uns durch die Teilnahme an der westlichen Gesellschaft unterwerfen müssen. Die Woche ist getaktet durch Termine, der Tag ist rhythmisiert von außen. So ist es kaum verwunderlich, dass sich immer mehr Menschen für alte Werte und das natürlich strukturierte, grundlegendere Leben des analogen Zeitalters interessieren. Das Thema Selbstversorgung geht einher mit Gedanken zum Minimalismus, dem Wunsch nach mehr Verbundenheit mit der Natur und einer nachhaltigeren, gesünderen Lebensweise. Das Band zu unserer natürlichen Lebensgrundlage scheint immer dünner zu werden und wir möchten uns wieder mehr als Einheit mit der Natur fühlen, statt ihr gegenüberzustehen.

Es ist dabei aber nicht der klischeehafte Typ Mensch, der statt einer geregelten Arbeit nachzugehen den Tag vertrödelt und an selbstreferenziellen Trommelgruppen in öffentlichen Parks teilnimmt, der sich für das Thema Selbstversorgung interessiert. Die Personengruppe, die einen Teil ihres Konsums durch Selbstversorgung decken will, ist vielfältig und die Idee dieses Konzepts so individuell wie die Menschen selbst. Selbstversorgung hat viele Gesichter und beinhaltet neben der Versorgung mit Obst und Gemüse aus dem eigenen Garten auch die Aspekte der Tierhaltung, der energetischen Autarkie oder auch dem Selbermachen auf allen Ebenen in Haus, Garten oder bei der Nahrungsmittelverarbeitung.

Niemand hat die Absicht, sich zu 100% selbst zu versorgen. Dieses Lebensmodell ist weder wünschenswert noch wirklich durchführbar. Das Gute ist jedoch: Jeder und jede Interessierte, egal welchen Alters, kann mit der Selbstversorgung beginnen. Dabei darf jeder Selbstversorger sich den Grad der Selbstversorgung und die Bereiche, in denen er oder sie sich aus dem eigenen Garten oder mit eigener Arbeit selbst versorgen möchte, frei wählen. Selbstversorgung ist nicht dogmatisch. Sie kann auch als Experiment auf einem ganz kleinen Teilgebiet beginnen und sich dann frei entwickeln – bis der Mensch dort angekommen ist, wo er sich wohlfühlt.

Wir dürfen Selbstversorgung heute zusätzlich zu unserem modernen Leben genießen, wo sie in früheren Zeiten bittere

Notwendigkeit war. Erzielen wir in einem Jahr nicht die notwendige Menge an Gemüse für die vollständige Selbstversorgung, so ist dies keine Bedrohung unserer Existenz mehr. Insofern ist der Versuch einer Selbstversorgung purer Luxus für den modernen Menschen. Er soll den Menschen bereichern und ihm das schenken, was er darin gesucht hat: Zufriedenheit, Erdung, innere Mitte oder auch schlicht eine Geldersparnis.

Wer seinen Konsum teilweise durch Selbstversorgung deckt, tut damit sich persönlich einen Gefallen und trägt gleichzeitig dazu bei, den Planeten zu schützen. Eine im eigenen Garten selbst gezogene Zucchini schenkt nicht nur ein gutes Gefühl, viele Vitamine und Spaß bei der Zubereitung. Er ist nebenbei auch ein CO2-Binder, er wird nicht mit dem LKW über die Autobahn transportiert, er muss nicht mit Geld bezahlt werden und ist außerdem ein wertvoller Lebensraum, Schattenspender und Wasserspeicher für kleine Lebewesen im Garten. Für sein Wachstum wurde im Idealfall kein Pestizid eingesetzt. Dadurch, dass die Weltbevölkerung eine Zucchini weniger im Geschäft kauft, haben Sie einen Beitrag zum Umweltschutz und zur CO2-Einsparung beigetragen.

Nun können Sie einwenden: Aber ich habe doch nur einen winzig kleinen Garten oder gar nur einen Balkon. Wie kann ich da Selbstversorger sein? Natürlich benötigt eine Selbstversorgung zu z.B. 50% mit Gemüse, Obst, Eiern etc. eine gewisse Fläche. Diese lässt sich auf dem Land wahrscheinlich leichter finden und auch finanzieren. Aber auch auf einem kleinen Balkon oder in einem begrenzten Stadtgarten lassen sich intelligente Lösungen finden, wie auf kleiner Fläche viel Ertrag erwirtschaftet werden kann. Oft liest man, dass für die Selbstversorgung mit Obst und Gemüse pro Person eine Fläche von etwa 50qm notwendig sind. Dies mag ein Richtwert sein, der bei einem Grundstückskauf wertvolle Hilfe leistet. Jedoch hängt der Ertrag der Fläche auch von vielen Standortfaktoren wie Beschattung, Bodenbeschaffenheit oder der geplanten Bepflanzung ab. Für die sinnvolle Versorgung mit Obst und Gemüse aus dem eigenen Garten muss ein Selbstversorger zunächst auch seinen Bedarf ermitteln und planen, wie viel Prozent dieses Bedarfs er durch Selbstversorgung decken möchte. Eine Bepflanzung mit vielen Starkzehrern im Nutzgarten führt zur Verarmung des Bodens und der Ertrag wird dann geringer sein.

Selbstversorgung klingt für den einen romantisch und für den anderen nach viel Arbeit. Tatsächlich bedeutet ein Nutzgarten, womöglich mit Tierhaltung, ein gewisses Maß an Aufwand. Dabei spielt es eine Rolle, ob dieser Aufwand als Belastung empfunden wird, oder als Zugewinn. Gartenarbeit kann auch eine meditative, reinigende Wirkung haben. Für Menschen, die das Gefühl haben, durch den Job schon keine Zeit mehr für Entspannung zu haben, ist also maßgeblich, ob die Selbstversorgung nur als Hobby und damit als angenehmer Zeitvertreib betrieben wird, oder ob es vorrangig um die Produktion von Nahrungsmitteln und Konsumgütern geht.

In die Entscheidung für oder gegen Selbstversorgung spielen also viele Faktoren: Wie viel Platz benötige ich für die Umsetzung meines Plans, wie viel Zeit muss ich darauf investieren und ist es mir die Sache überhaupt wert? Oder auch umgekehrt, wenn die Entscheidung bereits gefallen ist: Welche Ideen kann ich auf der mir zur Verfügung stehenden Fläche umsetzen und wie kann ich das möglichst mit meinem sonstigen Alltag in Übereinstimmung bringen?
Sobald alle diese Fragen geklärt sind, oder wenn Sie gerne nach Inspirationen suchen, wie Sie Ihre ganz persönliche Selbstversorgung gestalten möchten, können Sie hier stöbern und Ihren Plan austüfteln. Der Spaß an dem Projekt, so klein es am Anfang vielleicht auch sein mag, wird sich vielleicht in eine richtiggehende Leidenschaft entwickeln.

2. Der Permagarten zur Selbstversorgung

Wer sich ernsthaft mit dem Gedanken trägt, sich aus dem eigenen Garten selbst zu versorgen, der möchte natürlich ein möglichst tragfähiges und langlebiges System schaffen, in dem er über einen größeren Zeitraum erfolgreich Nahrungsmittel erwirtschaften kann. Die meisten Menschen wünschen sich zudem pestizidfreie Lebensmittel, die aus einem intakten natürlichen System stammen und die Gesundheit des Menschen nicht beeinträchtigen. Tierarten, die uns beim Anbau von Obst und Gemüse nutzen, weil sie beispielsweise als Bestäuber dienen oder andere Insekten fressen, sollen ein Zuhause finden. Der eine oder andere Gärtner möchte seinen Garten darüber hinaus generell tierfreundlich und variantenreich gestalten, heimischen oder fast vergessenen Sorten eine Chance geben. Außerdem möchte niemand gerne täglich mehrere Stunden schwer arbeiten für einen lächerlich geringen Ertrag, zumal die meisten Selbstversorger weder ihre Wohnung kündigen, noch die Arbeitsstelle, um von Null auf Hundert Selbstversorger zu sein. Der Selbstversorger-Garten soll also möglichst klein angefangen werden und die Arbeit neben der Erwerbstätigkeit erledigt werden können. Wie weit der Grad der Selbstversorgung dann später reichen wird, das ist zu Anfang nicht so wichtig. Erfahrungen zu sammeln, steht an erster Stelle, wenn man mit einem Selbstversorger-Garten beginnt. Bleiben in den ersten Jahren bei einigen Sorten die Ernten gering, kann der Gärtner immer noch auf gekaufte Nahrungsmittel zurückgreifen.

Für Einsteiger bietet sich im Regal des Buchhandels oder in der Bibliothek ein unüberschaubares Angebot an Ratgebern zu verschiedenen Teilthemen der Selbstversorgung mit pflanzlichen und tierischen Nahrungsmitteln und auch sonstigen Konsumgütern wie Kosmetika, Fasern für Bekleidung und sonstige Textilien und auch Ratgeber zu alten Handwerkstechniken, wie dem Körbeflechten oder Spinnen von Wolle. Alle daran anschließenden Arbeiten des Verarbeitens, Haltbarmachens und Lagerns von Lebensmitteln werden auch bedient. Wie soll man sich da als Anfänger bloß zurechtfinden?

Zunächst müssen Sie die Entscheidung fällen, auf welche Art und Weise Sie Ihren Garten bewirtschaften wollen. Klären Sie mit allen im Haushalt lebenden Personen, welche Grundsätze Sie in Ihrem Garten einhalten wollen und welche Elemente Sie auf der zur Verfügung stehenden Fläche gern anlegen möchten. Der Garten dient zu mehr als zur Nahrungsmittelproduktion. Besprechen Sie auch, welchen

Teil Ihres täglichen Konsums Sie abdecken. Hier wäre ein zentraler Punkt, ob Sie tierische Lebensmittel erwirtschaften möchten oder nicht. Planen Sie dann, wo welche Elemente im Garten Platz finden möchten und passen Sie den Plan so lange an, bis Sie zufrieden sind. Fest verbaute Elemente, wie Ställe oder Gewächshäuser sollten erst später gebaut werden. So haben Sie die Möglichkeit, den Garten in den ersten Saisons flexibel zu bewirtschaften. Nichts ist enttäuschender, als wenn man nach einer missglückten Saison und tagelangem Aufbau eines Gewächshauses feststellt, dass die Tomaten hier zu wenig Sonne haben, weil ein Nachbarhaus Schatten wirft. So verlockend es auch ist, seinem neuen Garten feste Strukturen zu geben und darum herum die Beete zu bauen: Sie sollten Ihren Garten zuerst so gut kennen, dass Sie die richtigen Plätze für die Elemente finden.

Der ideale Garten zur Selbstversorgung ist der Permagarten. Die Permakultur-Bewegung kam in den 70er Jahren auf. Sie wurde von den Australiern Bill Mollison und David Holmgren gegründet und basiert auf einer nachhaltigen Kreislaufwirtschaft, die sich an Kreisläufen in natürlichen Ökosystemen orientiert. Dieses Prinzip steht im Gegensatz zur intensiven Landwirtschaft und kann im ganz kleinen Balkongarten genauso wie in einem ökologisch wirtschaftenden Bauernhof installiert werden. Die Amerikanerin Ruth Stout entwickelte darauf aufbauend eine Form der Landwirtschaft, bei der der Boden nicht umgegraben, sondern gemulcht wird. Die Idee der Permakultur ist, eine Fläche so zu gestalten und auf tierische und pflanzliche Bewohner zu verteilen, dass das System zeitlich unbegrenzt funktioniert. Das heißt, im perfekten Permakultur-Garten hat jedes Lebewesen genug Raum, genug Nahrung, Schutz vor den Elementen und alle natürlichen Abfälle werden wieder im System recycelt. Durch die hohe Artenvielfalt in der Permakultur werden in sich stimmige Kreisläufe angelegt, die von alleine oder nur durch minimalen Eingriff des Menschen funktionieren. Konsum und Produktion stehen in einem Gleichgewicht.

Im Permagarten schaffen Sie die idealen Voraussetzungen für eine vielfältige Anpflanzung und Sie lassen die Natur einen großen Teil der Arbeit allein verrichten. Das geht, indem Sie standortgerecht pflanzen und in Mischkulturen. Der Grundgedanke an der Permakultur ist es, dass die Natur die besten Lösungen parat hat und dass wir sie zu übertrumpfen gar nicht versuchen sollten. In der Natur wachsen keine Monokulturen. Folglich sind Pflanzen und Tiere auf die vielfältige Gemeinschaft mit anderen Pflanzen- und Tierarten angewiesen, um sich gesund und ohne die Hilfe des Menschen entwickeln zu können. In der konventionellen Landwirtschaft und auch beim klassischen Anbau in einem Küchengarten zur Selbstversorgung wird dieses Prinzip aber abgelehnt und es werden mit hohem Aufwand die Ausfälle durch Schädlinge und Pflanzung an falschen Standorten minimiert.

In vielen Gärten und Betrieben wird ausschließlich menschengerecht und mit hoher Investition gearbeitet. Schnurgerade Reihen, dazwischen soll möglichst der nackte Boden ohne

„Unkräuter“ sichtbar sein. Dies soll die Ernte erleichtern und die Unterscheidung zwischen Nutzpflanzen und „Unkraut“ ermöglichen. Dazu wird zwischen den Reihen beständig Beiwuchs gezupft oder totgespritzt, der Boden wird in seinem Säuregehalt, seinem Nitratgehalt und anderen Faktoren durch Düngung beeinflusst und auf die Ansprüche der Pflanzen angepasst. Das bedeutet viel Aufwand und Arbeit und einen groben Eingriff in die natürlichen Bedingungen. Schädlinge breiten sich durch dieses naturferne Wirtschaften leicht in der ganzen Pflanzung aus und müssen dann durch Bekämpfungsmaßnahmen in Schach gehalten werden. Sie werden als Störung der vom Menschen hergestellten Ordnung angesehen und mit Vehemenz und Chemie niedergeknüppelt. Dabei ist es nur normal, dass schwache Pflanzen entstehen, wenn die Standortfaktoren nicht stimmen. Diese Systeme können nicht unbegrenzt aufrechterhalten werden. Sie existieren nur solange, bis die Natur aufgibt und der Mensch, dem dieses System gedient hat, ebenfalls aufgeben muss. Der Boden verarmt oder ist überdüngt, Pestizide sammeln sich an und in den vorherrschenden Monokulturen grassieren die Krankheiten.

A. „UNKRÄUTER“ UND „SCHÄDLINGE“ IM PERMAKULTUR-GARTEN

Die Permakultur geht genau den umgekehrten Weg. Statt die Bedingungen an die gewünschte Pflanzung anzupassen und dann Krankheiten daran zu bekämpfen, werden die Pflanzen gemäß den vorherrschenden Bedingungen ausgesucht. Treten Krankheiten daran auf oder laben sich Schädlinge an den Pflanzen, dann soll der Gärtner die Ursache in der nicht standortgemäßen Pflanzung suchen. Stehen die Pflanzen hier zu schattig, zu sonnig, zu windstill oder in falscher Gemeinschaft?

Wenn der Kreislauf nicht funktioniert, ist dies ein Symptom für einen Fehler, der in der Natur nicht passiert wäre. Keine Pflanze in der Natur wächst an einem Ort, der für sie zu kalt, warm, nass, trocken oder auf andere Weise ungeeignet ist. Die Folgen nicht standortgerechter Pflanzung sehen wir in Deutschland nach jedem Sturm: Fichten und andere Nadelbäume mit ihren flachen Tellerwurzeln knicken reihenweise um. Eine Schneise der Verwüstung verursacht durch ein Zusammenspiel aus Wind und Erdboden. Im Gebirge können sich die flachen Wurzeln der Fichten festhalten. Hier kann ein Sturm ihnen kaum schaden. Aber die Holzwirtschaft hat lange die starkwüchsigen, geraden Fichten bevorzugt, statt den deutschen Urwald mit seinen unterschiedlich alten Buchen und Eichen nachzubilden. Ganz plakativ gesprochen: Wer Rosenkohl in der Wüste pflanzt, der braucht sich nicht zu wundern, dass das nicht funktioniert. Jeder, der dann anfängt, den Fehler beim sandigen Boden und der Trockenheit zu suchen, würde für verrückt erklärt werden. Rosenkohl gehört eben nicht in die Wüste. Genau so hält es auch die Permakultur. Pflanze standortgerecht, dann wird daraus ein

Erfolg. Missernten fußen auf zu wenig Artenvielfalt und falscher Einschätzung des Standorts. Statt sich also mit viel Aufwand in die Bekämpfung der schlechten Bedingungen zu stürzen, ändert der Permakultur-Gärtner seine Strategie und pflanzt manche Sorten einfach gar nicht. Heidelbeeren auf alkalischem Boden zu ziehen, ist eben nahezu unmöglich. Also spart der Gärtner sich die Mühe einfach und pflanzt andere Beerensträucher.

Die Begriffe „Unkraut" und „Schädling" werden in der Permakultur nicht gerne gebraucht, denn in einer intakten Umwelt hat jedes Lebewesen seinen Platz im Nahrungsnetz und Energiefluss. Treten sie gehäuft an einer Pflanzenart oder an einer Stelle auf, hat der Gärtner einen Fehler gemacht. Die Pflanzen waren nicht kräftig und widerstandsfähig genug, da sie einen Mangel an ihrem Wuchsort erleiden. Dies kann neben Wassermangel oder Nährstoffmangel auch ein Zuviel oder Zuwenig an Luftbewegung oder Luftfeuchtigkeit sein. Brennnesseln sind Anzeiger für zu viele Nährstoffe, insbesondere Nitrat, im Boden. Hier könnte man Starkzehrer, wie Kohlsorten setzen, die dem Boden viele Nährstoffe entnehmen. Auf diese Weise reguliert der Gärtner die Kreisläufe ohne Dünger und Pestizide. Dazu ist jedoch eine gute Beobachtungsgabe, viel Vorwissen, Artenkenntnis und Geduld nötig. Der Gärtner muss Lust dazu haben, sich mit seinem Garten auf diese Weise zu beschäftigen. Die wuchernden Brennnesseln nutzt der Gärtner zusätzlich zu seinem Vorteil, wenn sie schon einmal da sind: Er braut daraus eine exzellente Brennnesseljauche, die die Gemüsepflanzen düngt und gegen Schädlinge auf Blätter gesprüht werden kann.

B. PLANUNG IST DAS HALBE LEBEN

Am Anfang des Permakultur-Gartens steht also eine Standortanalyse. Mithilfe der Beschreibung auf Saatguttütchen oder Pflanzenportraits können Sie ermitteln, welche Ansprüche die jeweilige Pflanze stellt. Wo die Pflanzen dann gepflanzt oder gesät werden, wird nun anhand des Terrains und der dort vorherrschenden Bedingungen ermittelt. Zusätzlich werden günstige Pflanzgemeinschaften gebildet, also es werden Mischkulturen aus Sorten gepflanzt, die sich gegenseitig günstig beeinflussen, Schädlinge fernhalten und Unterwuchs mit Beikräutern verringern sowie den Wurzelraum optimal nutzen. Zudem soll direkt eine breite Palette an Nutzpflanzen ausgesät und gesetzt werden, um eine natürliche Pflanzengemeinschaft, also ein möglichst naturnahes Ökosystem, anzulegen. Dabei soll die Pflanzengemeinschaft natürlich so gewählt sein, dass Starkzehrer nicht überzählig an einer Stelle stehen und dadurch der Boden zu stark ausgelaugt wird.

Einige Prinzipien in der Permakultur sind:

- Mischpflanzungen sollten möglichst aus flachwurzeligen und tiefwurzeligen Pflanzen bestehen, die nicht miteinander um den Wurzelraum konkurrieren.

- Überirdisch soll auch in unterschiedlichen Höhen gepflanzt werden, sodass der Raum über der Erde photosynthetisch optimal genutzt werden kann (z.B. Bäume mit Unterpflanzung aus Kräutern und Gemüse).
- Starkzehrer, Schwachzehrer und Mittelzehrer sollen gemischt gepflanzt werden, um den Boden nicht auszulaugen oder es soll eine Fruchtfolge eingehalten werden.
- Nackter Boden soll durch direktes Nachpflanzen oder Säen nach der Ernte einzelner Pflanzen vermieden werden. Zwischen den Pflanzen wird gemulcht.
- Düngung und Bekämpfung von Krankheiten sollen nur auf natürlicher Basis stattfinden, also mithilfe von Pflanzenjauchen und Mulch.
- Der Permakultur-Garten soll artenreich sein und möglichst vielen Tier- und Pflanzenarten Platz und Angebot bieten.
- Der Garten ist außerdem nicht nur ein Ort der Nahrungsmittelproduktion, sondern ein Ort, an dem Natur erlebt und genossen werden kann. Er ist ein Erholungsraum für den Menschen.

Wenn Sie in die Selbstversorgung einsteigen möchten, können Sie auch zunächst Ihren Bedarf ermitteln. Grundlage der Überlegungen ist, dass Sie pro Jahr einen gewissen Prozentsatz Ihres Bedarfs an bestimmten Gemüse- und Obstsorten,

Nüssen und Samen, vielleicht auch Getreide und tierischen Lebensmitteln oder sogar Bedarfsgütern wie Wolle decken möchten. Dazu ist es natürlich unumgänglich, einen Teil der produzierten Nahrungsmittel auch haltbar zu machen oder adäquat zu lagern. Ein Jahr mit 365 Tagen eigenem Gemüse und Obst bedeutet, dass Sie bei 100% Selbstversorgung eine Schätzung durchführen müssen, wie viele Gläser Eingemachtes und frisch zu Verzehrendes welcher Sorte Sie für ein ganzes Jahr brauchen. Das ist aber äußerst komplex, genauso wie die Zusammenstellung der Pflanzengemeinschaft nach Standortbedingungen. Wahrscheinlich ist, dass Sie den Bedarf an Gemüse und Obst gar nicht so einfach schätzen können, da Sie weder ein ganzes Jahr protokollieren möchten, was Sie eingekauft oder gegessen haben, noch wissen, welche Sorten in Ihrem Garten gut gedeihen werden. Beginnen Sie dann einfach mit den Gemüsesorten, die Sie am häufigsten verzehren, oder die leicht zu kultivieren und relativ anspruchslos sind. Kombinieren Sie dazu vielleicht gute Partner, um die Mischkultur zu erhalten. Ist diese Entscheidung gefallen, dann müssen Sie natürlich die Standorte für die Pflanzungen wählen.

Haben Sie bereits einen Garten oder ein Grundstück und möchten nun auf Permakultur umstellen, dann bereitet Ihnen dies vielleicht zunächst einiges Kopfzerbrechen und Sie haben nicht so richtig Lust, sich erst wochenlang in den Garten zu setzen und zu beobachten, wo in Ihrem Garten wie viel Sonne ankommt, der Wind die Blätter zusammenweht oder kein Wind hingelangt. Jetzt ist die Motivation groß, einfach anzufangen und die ersten Pflanzen zu säen, zu pflanzen und mit dem Gärtnern loszulegen.

C. PLANUNG IST EBEN NUR DIE EINE HÄLFTE DES LEBENS

Deshalb wäre es sehr schade, wenn Sie sich durch langwierige Standort-, Bedarfs- und Bodenanalyse gleich wieder von Ihrer Idee verabschieden würden. Eine gute Möglichkeit, sich alle Optionen offenzuhalten und trotzdem gleich anfangen zu können ist die Aussaat oder Pflanzung in großen Bottichen oder Containern, vielleicht in mobilen Hochbeeten, die Sie bei Bedarf einfach verschieben können. Idealerweise besitzen Sie diese Gefäße bereits, können Sie gebraucht erstehen oder leihen. Haben Sie dann die besten Standorte für Ihre Pflanzen gefunden, können Sie diese in die Erde umpflanzen oder im nächsten Jahr direkt an Ort und Stelle säen, statt in Töpfen. Gemäß der Idee der Permakultur, ist Ihre Standortwahl gut, wenn keine Schädlinge oder Krankheiten auftreten, denn dann sind die Pflanzen durch ideale Bedingungen kräftig, stark und widerstandsfähig. In großen Gefäßen können Sie auch gleich verschiedene Mischkulturen ausprobieren. Versuchen Sie möglichst, auftretende Probleme nicht als solche anzusehen und sich zu ärgern, sondern sie als Anzeiger wahrzunehmen, dass Sie die Bedingungen nicht ideal eingeschätzt

haben. Natürliche Mittel können bei einem leichten Schädlingsbefall helfen. Durch Ihre breite Auswahl an Nutzpflanzen werden Sie niemals die gesamte Ernte einbüßen, sondern vielleicht eine Gemüse- oder Obstsorte einfach für dieses Jahr verloren geben und sich mit den anderen Sorten begnügen.
Grämen Sie sich nicht, wenn Sie mit einigen Unternehmungen keinen Erfolg verzeichnen oder bei anderen einen Überschuss haben. Verschenken oder tauschen Sie Ihre Überschüsse, machen Sie so viel wie möglich haltbar und notieren Sie gegebenenfalls, wie viele Pflanzen dieser Sorte Sie für Ihren Bedarf in der nächsten Saison anpflanzen wollen. Protokollieren Sie vielleicht, welche Sorten in welchen Beeten gestanden haben, damit Sie im nächsten Jahr Erfolge wiederholen und Misserfolge durch eine Änderung vermeiden können. Außerdem behalten Sie so leichter den Überblick über Ihre geplante Fruchtfolge.
Boden wird beim Prinzip der Permakultur als lebendiges Wesen angesehen. In einem intakten Boden muss nicht durch Umgraben oder Hacken gelockert oder durchmischt werden. Der Mensch soll dieses lebendige Biotop nicht unnötig stören, sondern es durch seine Arbeit lediglich unterstützen. Dazu wird im Permakultur-Garten lediglich gemulcht, also totes Pflanzenmaterial oder auch Tiermist ausgebracht. Tiefes Umgraben stört die Bodenorganismen und wirbelt die von ihnen hergestellte Schichtung wieder durcheinander. Der Einsatz von schwerem Gerät auf den Beeten verbietet

sich natürlich vollkommen. Bis der Boden sich so aufgebaut hat, dass er tragfähig und gesund ist, vergehen einige Jahre. Aber Sie müssen keine Bedenken haben, dass Sie hier mit falscher Pflanzung etwas zerstören. Die Pflanzen gedeihen an der falschen Stelle einfach nicht.

D. VORTEILE DES MULCHENS

Ausgerissene Beikräuter und Rasenschnitt, Laub und gehäckselte Äste werden im Permagarten konsequent wieder auf Beete ausgebracht. Es bildet sich nach und nach eine dicke Schicht aus verrottendem Material, das den Boden nicht nur langsam und stetig mit Nährstoffen versorgt, sondern auch die Feuchtigkeit nach Regen oder dem Gießen hält. Der Gärtner spart sich also den ein oder anderen Gang zur Wassertonne und die Ressourcen werden geschont. Durch die dicke Auflage wird im Herbst und Frühjahr die Wärme am Boden gespeichert, sodass Vliese und Folientunnel vielleicht nicht immer benötigt werden. Außerdem mögen Schnecken diesen Untergrund eher weniger, sodass sie sich seltener an dem frischen Grün gütlich tun. Beikräuter haben kaum Chancen, sich durch den Mulch hindurch zu arbeiten und keimen meist gar nicht aus. Zum Anpflanzen von Gemüse muss der Gärtner also lediglich die Mulchauflage an einer kleinen Stelle öffnen und seine Pflanze setzen oder säen. Der Mulch wird dann wieder um die Pflanze herum gelegt.

Freiwerdende Plätze werden wenn möglich direkt wieder für die nächste Aussaat oder Pflanzung genutzt, damit keine freien Stellen entstehen. Wenn Sie die Stelle nicht sofort wieder besetzen, sollten Sie die Mulchschicht sofort wieder schließen, um Beikräuter fernzuhalten.
Die Permakultur knüpft hierbei an ein natürliches Prinzip an. Letztlich ist eine Auflage aus totem organischem Material der normale Zustand in einem natürlichen Ökosystem. Nackter Boden wird sofort wieder von Pionierpflanzen besiedelt. Dort räumt auch niemand alle abgestorbenen Teile weg und fährt sie zu einer Sammelstelle. Der konventionell wirtschaftende Gärtner macht sich durch diese Praxis ohnehin doppelte Arbeit, denn er entnimmt dem System so beständig Material und Nährstoffe, um diese dann dem ausgelaugten Boden per Düngemittel künstlich wieder zuzufügen.
Die langsame Zersetzung des Mulchs überdüngt den Boden nie, anders als künstliche Dünger mit viel Nitrat. Daher wäscht sich auch kein Nitrat aus dem Boden in das Grundwasser aus, sodass dieses durch die Permakultur nicht zusätzlich belastet wird.

E. BEDEUTET PERMAKULTUR ALSO, DIE NATUR EINFACH MACHEN ZU LASSEN?

Nein, ein Permakulturgarten ist nicht dasselbe wie ein Biotop. Der Garten wird zwar nach dem Prinzip der Natur gestaltet, aber er ist immer noch ein Lebensraum, den der Mensch beeinflusst und den er nach seinen Wünschen und Ideen nutzt. Die Permakultur hat aber den Anspruch, dass der Mensch sich nicht über die Genialität der Natur hinwegsetzen und ihr mit Gewalt seinen Stempel aufdrücken darf. Durch das Einhalten dieser Grundsätze soll der Mensch weniger Arbeit mit der Herstellung seiner Nahrungsmittel im eigenen Garten haben, weil nicht gegen natürliche Kreisläufe gearbeitet wird, sondern gemeinsam mit der Natur.

Der Wind treibt das Herbstlaub in einer Ecke des Gartens zusammen? Gut, dann kommt dort ein schattenspendender Baum hin und darunter der Komposthaufen. So spart sich der Gärtner einen Teil des Harkens im Herbst und das aufwändige Gießen des Komposts im Hochsommer, denn die Wasserverdunstung wird durch Beschattung verringert. Besonders durstige Pflanzen werden entlang der Wege gesetzt, sodass der Gärtner nicht zu viel Zeit mit dem Gießen verbringt und sozusagen auf seinem Weg durch den Garten nebenher diese Arbeit erledigen kann. Beikräuter wie Schachtelhalm oder Brennnessel werden zum Ansetzen von Jauche verwendet, die wiederrum auf erkrankte Pflanzen zur Bekämpfung von Blattläusen gesprüht oder als Dünger für Starkzehrer verwendet werden kann.

Bei der Anlage des Permakultur-Gartens entscheiden alle menschlichen Nutzer des Gartens, welche Elemente sie dort benötigen. Da bleibt z.B. auch Raum für ein Klettergerüst, eine Hollywood-Schaukel, einen Weidentunnel, einen

Naschgarten oder eine wilde Ecke für Insektenbeobachtung. Der Garten soll großen und kleinen Menschen als Erholungsraum und Nahrungsproduzent dienen. Vielleicht sollen auch Nutztiere, wie Hühner oder Laufenten sich hier wohlfühlen.

F. LASSEN SIE SICH NICHT VERUNSICHERN

Ein Permakultur-Garten muss nicht von Anfang an funktionieren und gleichzeitig alle für Sie wichtigen Elemente vereinen. Fangen Sie ruhig klein an mit einem Beet, sammeln Sie Erfahrung und bauen Sie die Permakultur von Jahr zu Jahr nach Ihren Wünschen und Bedürfnissen aus. Erweitern Sie die Kreisläufe beispielsweise um neue Gemüsesorten oder Tierhaltung, bis Sie zufrieden sind. Wagen Sie sich zunächst vielleicht eher an einjährige Pflanzungen, bis Sie ein Gefühl für Ihr Terrain bekommen und eine Idee, wie der Garten später in seiner vollendeten Form aussehen soll. Dieser Zustand wird nie eintreten, aber durch die Erfahrung schärft sich das Bild, das Sie von der Zukunft Ihres Gartens haben. Pflanzen Sie Obstbäume und große Hecken erst dann, wenn Sie sich sicher sind, dass sie dort auch richtig sind.

Sortieren Sie außerdem bei einem bereits bestehenden Garten in den ersten Jahren sukzessive Pflanzenarten aus, die nicht in Deutschland heimisch sind und die für Bienen und andere bestäubende Insekten keinen Nutzen bringen und verwenden Sie die freiwerdende Fläche stattdessen für

Nutzpflanzen, die trotzdem schön aussehen. Die Permakultur macht keinen Unterschied zwischen rein dekorativen und nutzbaren Pflanzen in der Art, dass eine Kartoffelpflanze nicht zwischen Blumen wachsen darf. Es macht Spaß zu sehen, wie dekorativ auch essbare Pflanzen, wie Kohlsorten oder Kürbisse sein können. Kaum etwas ist schöner im Garten anzuschauen, als ein üppig bewachsenes Beet mit allerlei Gemüsepflanzen, Kräuterbüschen und Heilpflanzen. Nackter Erdboden oder große monotone Rasenflächen sind in der Permakultur verpönt, denn sie stellen biologisch betrachtet eine Art Wüste dar, die Tieren kaum Lebensräume bietet und zur Verarmung des Biotops führen.

G. SPEZIELLE BEREICHE IM PERMAKULTUR-GARTEN

Das Prinzip der Permakultur bietet Ihnen viele Möglichkeiten, auf kleinem Raum unterschiedlichste Bedingungen für Pflanzen anzubieten. Dazu gibt es in der Literatur einige schöne Beispiele, an denen man sich für die Anlage des eigenen Permagartens orientieren kann. Die Erfinder der Permakultur beschreiben z.B. Hügelbeete, Kraterbeete, mitwachsende Baumscheiben und Mischkulturen, die sich bei indigenen Völkern, wie den Maya bewährt haben.

i. Hügelbeet

Für ein Hügelbeet wird ein länglicher Hügel aufgeworfen, der in Nord-Süd-Richtung verläuft. Der Hügel sollte nicht breiter als 1,50m sein, damit man das Gemüse von beiden Seiten leicht erreichen kann. Aufgeworfen werden mehrere Schichten organischen Materials, das sich nach und nach zersetzt. So kann ein Hügelbeet mehrere Jahre bewirtschaftet werden und es düngt sich selbst. Der Vorteil eines Hügelbeetes ist der, dass das Gemüse entweder verstärkt Morgensonne oder Nachmittagssonne erhält, aber doch gleichmäßig viel Sonne, denn die Pflanzen in der Mitte stehen höher. Durch die Zersetzung des organischen Materials aus dem Inneren des Hügels entsteht Wärme, sodass das Gemüse früher als in einem flachen Beet reift. Im Hügelbeet ist also die Vegetationsperiode länger bzw. das Gemüse braucht nicht so lange bis zur Ernte und es können vielleicht nach der Hauptfrucht noch Folgesaaten angebaut werden. In Hügelbeeten staut sich keine Feuchtigkeit, weshalb die Pflanzen keine Wurzelfäule entwickeln. Überschüssiges Wasser läuft nach unten ab, denn die gröberen Teile aus den unteren Schichten wirken wie eine Art Drainage.

Idealerweise legt man ein Hügelbeet bereits im Herbst an, damit sich das Material setzen kann. Dann ist alles für den Frühling schon bereit und es kann direkt angebaut werden. Bei der Anlage schichtet man gehäckseltes oder ganzes Schnittgut von Bäumen, Sträuchern oder auch Gras zusammen mit bereits vorkompostiertem Humus, Laub, Küchenabfällen und allem anderen, das der Garten und die Küche bieten aufeinander. Dabei wird schichtweise, nicht ein Durcheinander aus allen Materialien, aufgefüllt. Als oberste Schicht kommt eine Lage fertige Komposterde auf das Beet. Da das Beet über mehrere Jahre genutzt werden kann, haben auch gröbere Teile, wie Aststücke, eine Chance zu verrotten. Sie sollten jedoch als innerste Schicht des Hügels genutzt werden, damit die Humusschicht für die Gemüsepflanzen dick genug aufliegt. Während der Bewirtschaftung muss das Beet nicht gedüngt werden, sondern lediglich gemulcht, damit der Beiwuchs gering ausfällt.

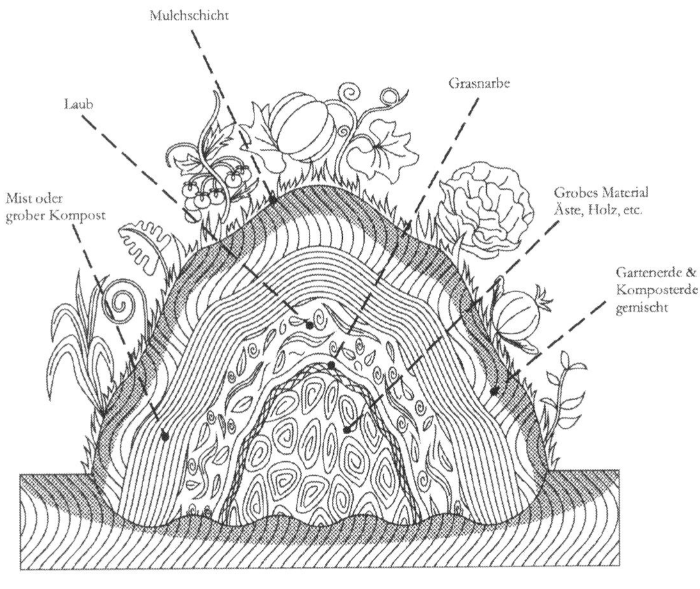

ii. Kraterbeet

Genau umgekehrt wird beim Kraterbeet gearbeitet. Eine natürliche oder künstlich angelegte Senke wird als Wärmefalle genutzt. Dazu werden terrassenförmig zur Mitte des Kraters hin Beete angelegt. Ideal ist es, wenn in der Mitte des Kraters ein kleiner Teich angelegt wird. Dieser reflektiert das Licht auf die umliegenden Hänge, sodass sich die Wärme und das Licht ideal in dem Krater halten. Auch kleine Krater können für einzelne Pflanzen angelegt werden. Hier sammelt sich dann mehr Regenwasser, sodass auch in trockeneren Gebieten durstige Gemüsesorten eine Chance haben. Werden die Hänge des Kraters für den Anbau von Gemüse genutzt, müssen Sie auf die Ausrichtung achten und sonnenhungrigere Pflanzen mehr an den Südhang pflanzen, Pflanzen mit weniger Lichtbedarf eher an die Ost- und Westseite. Je steiler die Hänge des Kraters sind, desto mehr Sonne erhalten die Pflanzen am Südhang und desto weniger Licht kommt am Nordhang an. Oben können Gemüsesorten gepflanzt werden, die weniger Wasser benötigen, in Richtung des Kratermittelpunktes wird der Boden immer feuchter. Kraterbeete können sehr viel Platz beanspruchen. Sie sind daher eher für einen größeren Garten geeignet oder für einen Garten, der ohnehin am Hang liegt.

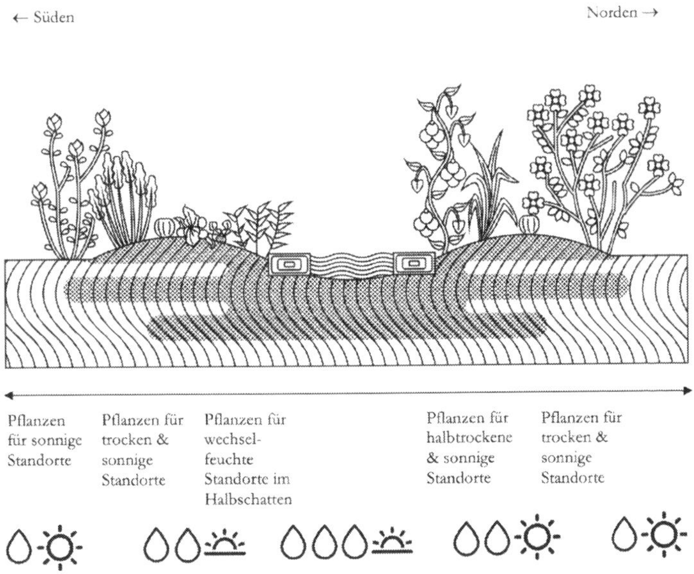
← Süden
Norden →
Pflanzen für sonnige Standorte
Pflanzen für trocken & sonnige Standorte
Pflanzen für wechsel-feuchte Standorte im Halbschatten
Pflanzen für halbtrockene & sonnige Standorte
Pflanzen für trocken & sonnige Standorte

iii. Mitwachsende Baumscheibe

In den meisten klassischen Gärten werden junge Bäume gesetzt und diese werden entweder mit einem Ring aus Verbundsteinen umsäumt und gemulcht, mit Buchs-Pflänzchen umringt oder direkt darum wird Gras eingesät. Die Permakultur schlägt hier vor, den Baum und seinen Schatten im Verlauf des Baumwachstums anders zu nutzen.

Generell sollte der Baum in den ersten Jahren nicht in Wurzelkonkurrenz zu Gräsern treten. Dieses hemmt sein Wachstum, da das Gras wüchsiger ist und die oberen Erdschichten für die Ausbreitung seines weitläufigen Wurzelnetzwerks nutzt. Außerdem sondern Gräser Stoffe in den Boden ab, die das Wachstum junger Bäume hemmen. Um den Unterwuchs des Baumes zu vermeiden, soll der Baum in den ersten Jahren in einem hohen Haufen aus Rasenschnitt wachsen dürfen. Der verrottende Rasenschnitt gibt dem Baum in der Startphase zusätzliche Nährstoffe und isoliert die Wurzeln und den unteren Teil des Stammes in den ersten Wintern. Wasser hält sich länger beim jungen Baum, sodass er optimal versorgt ist. Der Haufen sollte mindestens einen halben Meter um den jungen Baum herum aufgetürmt werden. Oft entsteht in der Mitte ein kleiner Ring aus natürlichen Wildstauden im Verlauf der ersten Jahre. Der Heuhaufen um den Stamm wächst mit der Krone.

Ab dem vierten Jahr kann der Baum dann mit Kräutern unterpflanzt werden. Im Norden können heimische Kräuter gepflanzt werden, im Süden mit mehr Sonnenexposition eher mediterrane

Kräuter. Ab dem sechsten Jahr kann um den Kräuter-Ring im Norden eine Gruppe Beerensträucher wachsen, im Süden kann Gemüse angebaut werden. Achten Sie auf den Abstand zwischen Obstbaum und Sträuchern, denn sie sind keine guten Nachbarn. Das Beet wird natürlich gemulcht. Die durch den Baum entstehenden Kleinklimazonen werden optimal genutzt. Außerdem ist es sinnvoll, um den Stamm des Baumes herum stickstofffixierende Pflanzen zu setzen. Ideal sind kletternde Arten, wie Erbsen oder auch Bohnen. Sie versorgen den Baum über ihre Knöllchenbakterien an den Wurzeln mit zusätzlichen Nährstoffen und nehmen ihm im Umkehrschluss aber nur wenig Wasser weg. Der Baum spendet den Hülsenfrüchten ein wenig Schatten, sodass sie nicht an Hitzestress leiden.

iv. Indianerbeet/ Die „Heiligen Drei Schwestern“

Bei den Maya wurden ebenfalls Mischkulturen angepflanzt. Wie die Maya zu ihrem Wissen über die Landwirtschaft gekommen sind, ist natürlich nicht geklärt. Fest steht aber, dass sie sich die Vorteile, die die einzelnen Pflanzen im Zusammenspiel haben, zunutze machten. Es wurde und wird bis heute bei der indigenen Bevölkerung von den „Heiligen Drei Schwestern“ gesprochen, die möglichst in einem Beet zusammen wachsen sollten. Der Ertrag bei einer Mischung dieser drei Sorten ist deutlich höher. Es handelt sich bei diesen um Hülsenfrüchte, Kürbis und Mais. Die Vorteile dieser Mischung sind vielfältig: Die Kürbispflanze beschattet den Boden, da sie sich mit ihren großen Blättern bodennah ausbreitet. So hält sich auch die Feuchtigkeit länger im Boden. Der starkwüchsige Mais benötigt wenig Bodenfläche, sodass er perfekt zwischen den üppigen Kürbissen gesetzt werden kann, ohne dass Beikräuter ihn zuwuchern. Stattdessen werden kletternde Hülsenfrüchte gesät, die sich an den Maispflanzen heraufranken können und daher keine künstliche Stütze mehr benötigen. Hülsenfrüchte sind außerdem Stickstofffixierer. Das bedeutet, sie geben wichtige Nährstoffe in den Boden ab, die sie aus der Luft fixieren. Der Mais ist im Gegensatz zum Kürbis nicht ganz anspruchslos und hat einen hohen Nährstoffbedarf. Er profitiert also besonders von der Leistung der Hülsenfrüchte, sodass der

Boden nicht verarmt. Wenn Sie die drei Schwestern pflanzen möchten, können Sie also beispielsweise Hokkaido oder auch Zucchini zusammen mit Zuckermais und Bohnen oder Erbsen anbauen.

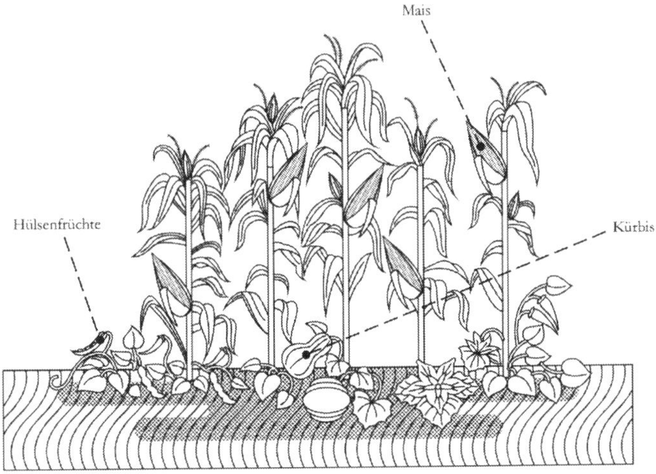

v. Hochbeete

Ein Hochbeet hat im Vergleich zu einem klassischen Beet einige Vorteile, weshalb sich grundsätzlich jeder Gärtner überlegen sollte, mindestens eines zu bauen. Das Arbeiten an Erdreich oder den Pflanzen geschieht in einer bequemen Arbeitshöhe, ohne dass man den Rücken krumm machen muss. Die Größe des Hochbeetes ist meist so gewählt, dass der Gärtner nicht allzu weit in die Mitte langen muss, um an alles heran zu können. Durch die kleinen Abstände zwischen den seitlichen Planken können Schnecken sich nicht so einfach hinaufarbeiten, weshalb z.B. Kopfsalat hier nicht so gefährdet ist. Auch auf einem Hochbeet kann man einen Folientunnel aufbauen und so ein Frühbeet daraus machen. Zudem kann ein Hochbeet immer wieder auseinandergebaut und versetzt werden, wenn der Gärtner eine andere Pflanzung machen möchte oder der Standort nicht so gut gewählt war.

Gekauft werden muss ein solches Beet nicht, denn aus einigen ausgedienten Paletten können mithilfe einiger Schrauben und vielleicht ein paar zusätzlichen Brettern Hochbeete leicht selbst gebaut werden. Die Paletten haben idealerweise die gleiche Größe. Es reicht aber auch, wenn Sie vier Paletten haben, die zumindest alle gleich breit sind. So ergibt sich ein Hochbeet, das eine ideale Höhe von z.B. 80cm bei einer Standard-Europalette hat und dabei 120cm x 120cm groß ist. Achten Sie bei der Auswahl des

geeigneten Standortes für Ihr neues Hochbeet darauf, dass Sie von allen vier Seiten bequem an das Beet herantreten können.
Die Paletten werden mit der beplankten Oberseite nach außen im Viereck aufgestellt und miteinander verbunden. Das geht am einfachsten mit einem Spanngurt oder Seil, etwas haltbarer, aber dafür weniger flexibel sind Flachverbinder und lange Schrauben. Falls an den Seiten nun sehr große Lücken zwischen den Brettern der Paletten klaffen, kann man diese durch zusätzliche Latten ein wenig stopfen. Ganz geschlossen sollten die Seitenwände aus mehreren Gründen aber nicht sein, wie später noch gezeigt wird. Nach unten hin sollte eine Sperre für Wühlmäuse eingebracht werden. Hierzu eignen sich hervorragend eine bis zwei Lagen Kaninchendraht. Dieser sollte auch einige Zentimeter nach oben umgeschlagen und dann an den Paletten befestigt werden. Hierzu kann auch eine Tackerpistole verwendet werden, ansonsten reichen kleine Nägel.
Nun kann das Hochbeet bereits gefüllt werden. Der Permagärtner wird sich hier freuen, denn er kann grobes Schnittgut, wie Äste oder Gestrüpp von zurückgeschnittenen Sträuchern als Drainage unten einbringen. Füllen Sie so ungefähr die Hälfte des Hochbeetes und legen Sei eine Lage Laub oder Grasschnitt auf. Danach folgt Garten- oder Komposterde, bis das Beet fast komplett gefüllt ist. In den folgenden Wochen und Jahren wird das Material immer mehr einsacken, denn die unteren Schichten verrotten

langsam. Alles, was der Gärtner zwischen den Pflanzungen tun muss ist, neue Komposterde oben aufzulegen, damit das Beet immer voll bleibt.

Bei Bedarf kann das Hochbeet genauso gemulcht werden, wie ein normales Beet. In die Lücken an den Seiten, also zwischen den Planken, können kleine Gemüse- oder Salatpflanzen eingesetzt werden. Dies ist natürlich nur so weit nach unten hin möglich, wie die Erde reicht. Da, wo noch Laub und Äste hinter den Lücken hervorlugen, wächst selbstverständlich kein Gemüse. Es eignen sich für die Pflanzung an den Seiten des Hochbeetes z.B. Gurken, Salate, Kapuzinerkresse oder Erdbeeren. Bedenken Sie dabei, dass die Lichtverhältnisse an den vier Seiten des Hochbeetes unterschiedlich sind. Erdbeeren vertragen die Nordseite problemlos, Gurken lieber nicht. Kapuzinerkresse und Gurken fallen nach einiger Zeit wie eine Kaskade am Beet herunter, was zusätzlich wunderschön aussieht. Sie sollten also in einer der oberen Lücken gepflanzt werden.

Für die Pflanzung können Sie einfach mit dem Finger oder einem dickeren Ast ein Loch in die Erde hinter dem Spalt drücken und dann eine Jungpflanze hineindrücken. Gießen Sie nun die Seiten der Palette gut an und vergessen Sie sie beim Gießen des Hochbeetes nie. Sie können am Rand des Hochbeetes das Gießwasser einlaufen lassen, sodass es nach unten bis zu den untersten Gemüsepflanzen fließt. Die oberen Pflanzen bekommen dabei weniger Wasser als die unteren, weshalb besonders durstige Sorten weiter unten sein sollten. In den ersten Tagen werden diese Pflanzen noch etwas traurig herunterhängen. Sie haben aber, wie alle Pflanzen, die Tendenz, zum Licht hin zu wachsen. Dadurch richten sie sich innerhalb einer Woche auf und gedeihen genauso wie die auf waagerechten Flächen gepflanzten Gemüsesorten.

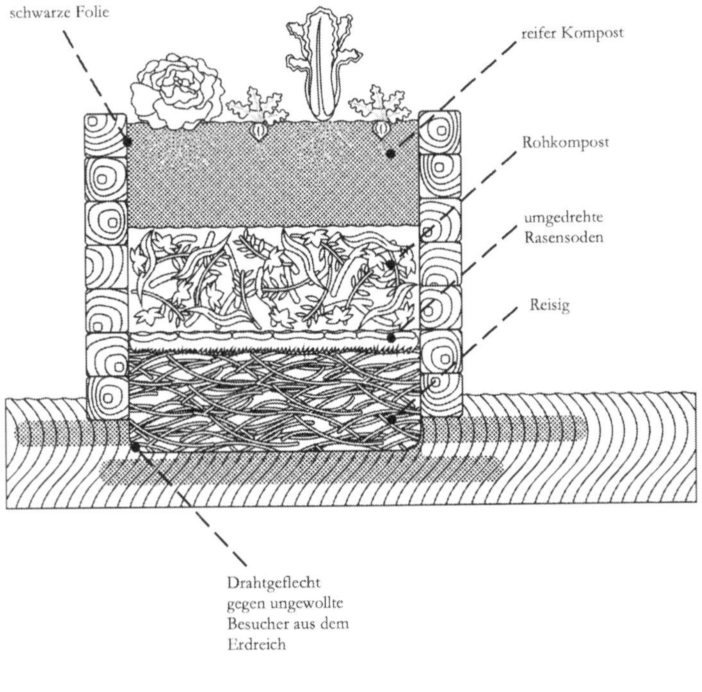

vi. Vertikales Gärtnern auf kleinen Flächen

Mit Paletten kann man auch wunderbar eine kleine Fläche optimal ausnutzen. Wer nur einen Balkon oder einen sehr kleinen Garten zur Verfügung hat, kann mit diesen Recyclingprodukten ganze Wandkonstruktionen, Sichtschutzelemente und andere Formationen bauen. Dazu werden je zwei Paletten mit den Unterseiten aneinandergestellt und verbunden. Große Spalten werden wieder mit zusätzlichen Brettern verkleinert. Wie viele „Doppel-Paletten" man nun aufeinander oder nebeneinander befestigt, ist nahezu grenzenlos erweiterbar. Ähnlich wie in einem steilen Weinberg erhalten die Pflanzen auf der vertikalen Fläche nach Süden ausgerichtet wesentlich mehr Sonnenlicht, als auf einer horizontalen Fläche. Pflanzen Sie durstigere Pflanzen nach unten, hängende Pflanzen seitlich herabfallend und eher trockenheitsresistente Arten weiter nach oben, sonnenliebende Pflanzen auf die Südseite, Halbschatten bevorzugende Pflanzen lieber östlich oder westlich durch das entsprechende Ausrichten der Palettenwand. Auf diese Weise können Sie einen recht umfangreichen Balkongarten selbst bei kleiner Grundfläche schaffen.

Wenn die Paletten im Folgejahr zu wenig Erde haben, geben Sie einfach neue Erde von oben dazu. Durch die Holzbretter haben Sie im Vergleich zum großen Wurzelraum für die Nutzpflanzen relativ wenig Erde an der Oberfläche, auf der Beikräuter wachsen können. Das Herauszupfen der Beikräuter hält sich also in Grenzen. Setzen Sie in eine solcherart gebaute Palettenwand ausdauernde Pflanzen, wie Erdbeeren, dann vermehren diese sich über die Jahre und es entsteht schon fast ein Kunstobjekt in Ihrem Garten oder auf dem Balkon.

vii. Totholzhecke/Benjeshecke

Abgeschnittenes Holz wird für eine Totholzhecke im Permakultur-Garten genutzt. Anstatt viele gleichartige Heckenpflanzen zu kaufen und die Hecke in einer großangelegten Aktion zu pflanzen, schichtet man nach der von Hermann Benjes in den Achtziger Jahren erdachten Methode dünnere Äste zu einem immer höheren Wall auf. Die Zwischenräume werden nicht mit Erde oder anderem Material gefüllt, sondern das verrottende Material rutscht mit der Zeit nach und bildet humose Erde. Diese Zweiganhäufungen ziehen Insekten, Igel, Eichhörnchen und Vögel an, denn sie nutzen sie als Versteck, für Ihre Bauten und als Ort für die Nahrungssuche. Die Hecke entsteht durch das Anfliegen von Samen oder durch die Samen, die im Vogelkot enthalten sind und dann dort auskeimen. Haben Sie also von einem größeren Rückschnitt genug Äste zur Verfügung, genug Platz für die Benjeshecke und außerdem genügend Zeit, dann bietet diese Methode eine natürlich wachsende Überraschungshecke mit vielen Lebensräumen für Tiere. Im Permakultur-Garten kann eine solche Hecke außerdem die Funktion haben, zu starken Wind abzuhalten und dahinter eine windstille Ecke zu bilden. Windkanäle können so vermieden werden.

viii. Schwammbeet/Moorbeet

Besonders nährstoffhungrige Pflanzen profitieren von Schwammbeeten. Für die Anlage wird eine Mulde von etwa 40cm Tiefe ausgehoben. Der Aushub und zusätzliche Steine werden an den Rändern der Mulde aufgetürmt, sodass sich ein Wall von etwa 40 bis 50cm rund um die Kuhle ergibt. Der Durchmesser der Kuhle soll etwa bei vier Metern liegen. In diese Vertiefung wird nun totes organisches Material gefüllt und mit fertigem Kompost vermischt. Am besten wird dieses Beet mit einer Tropfbewässerung befeuchtet, aber tägliches Gießen ist genauso effektiv. Es entsteht eine Art Moorbeet, das durch die abschüssigen Hänge immer feucht bleibt und die Nährstoffe, die ausgeschwemmt werden mit dem Gießwasser in die Mitte gespült werden. Solche Beete eignen sich für die Kultur von Heidelbeeren. Die Wälle können ebenfalls bepflanzt werden, z.B. mit Cranberries oder Preißelbeeren, aber auch mit Gemüsesorten, wie Tomaten oder Paprika. Die Einfassung kann neben Steinen und dem Aushub auch Stammabschnitte von abgestorbenen Bäumen oder anderes Schnittgut enthalten. Durch die Verrottung entsteht ein fruchtbares, feucht-saures Milieu für Moorpflanzen, wie die Heidelbeere. Sie sollten wenn möglich mehrere Heidelbeeren unterschiedlicher Sorten dort pflanzen, damit die Erntesaison einerseits sich verlängert und damit die Sorten sich kreuzbefruchten können. Dies verspricht einen reicheren Ertrag.

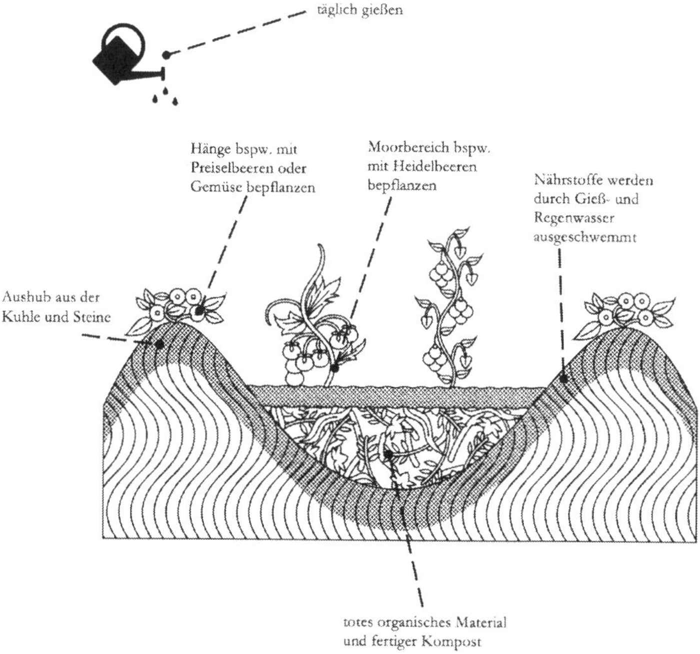
täglich gießen
Hänge bspw. mit Preiselbeeren oder Gemüse bepflanzen
Moorbereich bspw. mit Heidelbeeren bepflanzen
Nährstoffe werden durch Gieß- und Regenwasser ausgeschwemmt
Aushub aus der Kuhle und Steine
totes organisches Material und fertiger Kompost

ix. Kartoffelturm

Kartoffeln aus einem Acker auszumachen ist eine harte Arbeit. Da Kartoffeln aber anspruchslos sind und den Boden lockern, sind sie eine gute Pionierpflanzenart, wenn man mit dem Gärtnern beginnen möchte und viele neue Gärtner beginnen mit einer Saison Kartoffeln, um den Boden vorzubereiten. Trotzdem möchte ein Gärtner sich die Arbeit möglichst erleichtern und nicht die Hälfte der neuen Kartoffeln schlicht nicht finden, weil sie zu tief in der Erde gewachsen oder ganz versteckt in einer Ecke des Beetes gediehen sind. Hier hilft es enorm, wenn der Wurzelraum für Kartoffeln begrenzt ist. Um eine optimale Ausbeute und Ernte an Kartoffeln zu erhalten, eignet sich deshalb ein sogenannter Kartoffelturm. Das geht natürlich nicht in einem klassischen Beet zur Vorbereitung und Lockerung des Bodens, ist aber für die weiteren Saisons eine sehr viel bequemere und noch dazu platzsparende Methode. Dazu können Sie den Turm aus verschiedenen Materialien selbst bauen. Am ökologischsten ist natürlich die Verwendung alter Materialien, die bereits vorhanden sind. Ideal ist ein großer, ausgedienter Gartenabfallsack oder ein Big Bag von einer Lieferung vom Baustoffhandel. Fragen Sie vielleicht in einer Neubausiedlung die neuen Nachbarn, ob jemand Big Bags übrig hat. Sind sie beschädigt, kann man mit Kordel und einer Ahle die größten Risse wieder schließen. Natürlich können Sie auch aus Paletten, Hasendraht und einem Stück Unkrautvlies oder

anderen Materialien eine Art Sack oder Hochbeet bauen, das dann als Kartoffelturm dient. Unten sollten ein paar Löcher zum Abfließen überschüssigen Wassers bleiben. Wenn nötig müssen Sie diese bei Gartensäcken oder Big Bags noch nachträglich hineinpieksen.
Das Prinzip des Kartoffelturms ist einfach: Es wird der Rand zunächst nach unten umgeschlagen und nur etwa 30cm Erde werden eingefüllt. Hierein werden nun Kartoffeln gesetzt. Dazu können Sie schrumpelige oder sprießende Kartoffeln aus Ihren bereits bestehenden Vorräten nutzen. Diese werden nach dem Setzen gut angegossen, damit sie beginnen zu wachsen. Haben die Kartoffelpflanzen sich nach oben gearbeitet und sind ungefähr 10cm hoch, wird der Rand des Kartoffelturms höher gekrempelt und Erde nachgefüllt. Dies wird so lange wiederholt, bis der Big Bag oder Gartensack voll ist. Dadurch vergrößert sich der Wurzelraum für die Pflanzen und die Kartoffel bildet mehr neue Knollen. Im Herbst können dann die Kartoffeln geerntet werden, indem der Sack wieder nach unten gekrempelt wird. Dadurch fällt die ganze Erde mitsamt den frischen Kartoffeln auseinander und Sie müssen die Kartoffeln nur noch einsammeln und können den Turm für die nächste Saison vorbereiten.

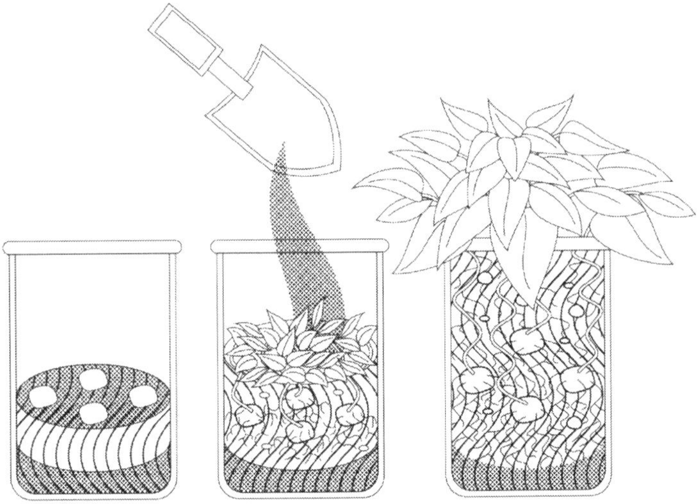

H. ABFALLFREIES GÄRTNERN

In der Permakultur wird verstärkt in Kreisläufen gedacht und auch danach gewirtschaftet. Im Idealfall bleibt dabei kein Abfall übrig, der den Garten verlassen müsste. Ist das nämlich der Fall, dann ist der Kreislauf im Garten nicht intakt. Haben Sie ständig Überschüsse an Laub, Gras oder anderem Grünschnitt, dann sollten Sie als Permakultur-Gärtner die Pflanzengemeinschaft anpassen. Statt also wöchentlich zur Grünschnitt-Annahmestelle zu fahren oder mit Schnittgut die Biotonne zu füllen, reduzieren Sie lieber die Rasenfläche zugunsten von Obsthecken oder Beerensträuchern. Verwenden Sie Rasenschnitt, indem Sie ihn zum Mulchen der Beete oder getrocknet als Einstreu für Tierställe wieder dem Kreislauf zufügen. Die alte Einstreu kann dann anschließend, gemeinsam mit nährstoffreichem Tiermist, als Dünger auf den Beeten ausgebracht werden. Gehäckselter Grünschnitt von zurückgeschnittenen Sträuchern oder Bäumen kann unter den geschnittenen Pflanzen wieder ausgestreut werden, sodass die entnommenen Nährstoffe durch Verrottung wieder zurückgeführt werden können. Besonders Jungbäume profitieren außerdem von einem Laubhaufen oder Rasenschnitthaufen, der den Bereich unter dem Baum frei von Unterwuchs hält. In diesem Stadium steht vor allem Rasen in Wurzelkonkurrenz mit den Baumwurzeln und kann das Wachstum des Baumes hemmen. Decken Sie auch leere Beete im Herbst mit Laub ab, sodass auch hier nach der

intensiven Nutzung wieder Nährstoffe in den Boden sickern können und sich die Humusschicht aufbauen kann.
Unterwuchs mit bestimmten Pflanzen ist auch in der Permakultur nicht erwünscht. Jedoch werden Beikräuter normalerweise nur ausgerupft und auf dem Beet liegengelassen, damit sie dort verrotten. Lediglich kranke Pflanzenteile werden über den Hausmüll entsorgt, damit sich Pilzsporen oder tierische Bewohner nicht nach dem Entfernen wieder verbreiten. Dazu gehört beispielsweise von Kräuselkrankheit befallenes Schnittgut. Diese Pilzerkrankung betrifft meist Pfirsichbäume oder Mirabellen. In einem solchen Fall müssen Sie die Äste radikal zurückschneiden bis hin zu Astabschnitten, an denen die Blätter normal geformt sind. Die abgeschnittenen Teile müssen in die Restmülltonne entsorgt werden. Über den Kompost verbreiten sich die Pilzsporen und gelangen zum nächsten Baum.

I. KOMPOSTIERUNG

Wie in jedem guten Garten wird natürlich auch bei der Permakultur kompostiert. Am besten eignet sich dazu ein schattiger Platz unter einem Baum. Hier kann ein einfacher Haufen angelegt werden oder auch ein Schnellkomposter. Welche Kompostierungsmethode Sie bevorzugen, ist Geschmackssache. Vielleicht möchten Sie auch eine Wurmkiste betreiben oder sich einen Bokashi-Eimer zulegen. Diese

beiden Varianten sind sogar auf einem kleinen Balkon oder in der Wohnung durchführbar. Bei einer Wurmkiste sollten Sie aber dringend auf die richtigen Bedingungen für die Würmer achten, denn die Tiere flüchten sonst nach Möglichkeit aus der Kiste in Ihre Wohnung oder verenden qualvoll.
Bei jedem Kompostierungssystem spielt die richtige Menge Feuchtigkeit eine wichtige Rolle. Bei zu trockenem Milieu können die Zersetzer nicht richtig arbeiten, bei zu nassem Milieu bildet sich Fäulnis. Ein gut funktionierender Kompost riecht nicht unangenehm. Auch dürfen Sie nicht alle Küchenabfälle hier einbringen, um keine Ratten anzulocken. Fleisch und verdorbene Lebensmittel gehören hier nicht hin.

J. UMGANG MIT STARK INVASIVEN PFLANZEN

Einige nutzbare Pflanzen sind auch dem Permakultur-Gärtner ein Dorn im Auge, denn sie verbreiten sich gerne auf der gesamten Fläche und verwandeln einen vielfältigen Garten in eine Monokultur. Dazu gehören Schachtelhalm, Giersch, Löwenzahn und unter den Zierpflanzen auch einige eingeschleppte Arten, wie Bambus, japanischer Spierstrauch oder Riesenbärenklau. Auch Minze neigt dazu, sich über Gebühr auszubreiten und dabei andere Pflanzen aggressiv zu verdrängen. Daher werden Minzen besser in Töpfen oder zumindest mit einer Wurzelsperre im Boden eingepflanzt.

Wenn sich Giersch, Schachtelhalm oder Löwenzahn im Garten breit machen, hilft nur viel Geduld und Spucke. Besonders in der ersten Wachstumsperiode im Frühjahr muss täglich gezupft werden. Die ausgerupften Kräuter müssen dann entweder völlig durchtrocknen oder als Jauche angesetzt werden, damit sie nicht über den Kompost wieder ins System eingebracht werden. Giersch und Löwenzahn bilden außerdem viele Samen, die sich über den Wind verbreiten: Lassen Sie die Samenbildung gar nicht erst zu und entfernen Sie sofort alle Blüten. Die Wurzeln sollten Sie nicht ausgraben oder ausstechen, denn damit geben Sie den Pflanzen nur noch mehr Starthilfe. Aus einem kleinen Stückchen abgetrennter Wurzel im Boden entwickelt sich wieder eine ganze Pflanze. Entfernen Sie lieber alle oberirdischen Teile täglich, sodass die Wurzel nach und nach ausgehungert wird. Das ist zunächst viel Arbeit, aber letztlich die einzige Möglichkeit, diese Arten loszuwerden oder in Schach zu halten.

3. Gemüse anbauen

Nun geht es aber wirklich los mit der Planung und Umsetzung. Beginnen Sie ruhig mit Ihrem Lieblingsgemüse oder den Kräutern, die Sie am häufigsten Verwenden. Machen Sie eine Liste und informieren Sie sich über die Standortbedingungen der Pflanzen. Suchen Sie geeignete Partner für Ihre gewählten Sorten und stellen Sie kleine Ensembles aus Gemüsesorten zusammen. Danach können sie den geeigneten Ort im Garten wählen oder in großen Bottichen die Pflanzungen anlegen. Lassen Sie sich zunächst nicht von den vielen Begriffen wie Fruchtfolgen und Nachkultur verwirren, sondern beginnen Sie einfach.

A. AUSWAHL DER GEMÜSESORTEN

Grundsätzlich können Sie natürlich alle Arten von Gemüse anpflanzen, die Sie gerne essen möchten. Sogar Kiwis sind im Gewächshaus oder Wintergarten als Dauerkultur möglich, solange das Gewächshaus frostfrei bleibt. Dies lässt sich mit einer Gewächshausheizung erreichen. Für den Anfang ist es aber besser, sich mit unkomplizierteren Pflanzungen zu beschäftigen. In Deutschland seit langem heimische Gewächse stellen die geringsten Ansprüche. Mediterrane Gemüse sind empfindlicher, aber auch hier gibt es gute biologische Züchtungen, die für das Freiland geeignet und relativ unempfindlich sind. Am besten ist es, Sie informieren sich über regionale Sorten, denn diese sind am besten auf das kleinräumig vorherrschende Klima in Ihrem Gebiet angepasst. Dazu können Sie jemanden befragen, der schon lange einen Nutzgarten hat. Meist wissen die älteren Leute auch, welche Apfelsorten oder Kürbisse in der Gegend besonders oft vorkommen. Diese Sorten sollten Sie sich wenn möglich besorgen. Wenn Sie Glück haben, erhalten Sie bei einem netten Gespräch sogar zusätzliche Tipps und womöglich das beste Saatgut von einem netten Menschen geschenkt. Es lohnt sich außerdem immer, wenn man jemanden kennt, der mit guten Ratschlägen bei Anfängerschwierigkeiten aushelfen kann. Wenn Sie sich einen richtigen alten Bauerngarten oder Küchengarten anschauen, dann finden Sie dort sogar sehr viele Ansätze und Verfahrensweisen, wie sie auch die Permakultur vertritt. Lassen Sie sich also helfen!

Ganz konkret lassen sich in fast allen Regionen Deutschlands die gängigen Sorten Möhren, Erbsen, Kohlarten, Mais, Kartoffeln, Bohnen, Radieschen, Blattsalate, Zucchini und Kürbisse, Melonen, Zwiebeln, Knoblauch, Spinat usw. ziehen. Also zusammengefasst: Sie können fast gar nichts

falsch machen, wenn Sie sich an das übliche Sortiment an Gemüse halten. Sonderkulturen können Sie dann beginnen, wenn Sie Erfahrung mit der Grundversorgung gesammelt haben.
Besser ist natürlich biologisches Saatgut, das samenfest ist. Das bedeutet, dass Sie aus den Pflanzen wieder Samen nachziehen und diese im Folgejahr wieder erfolgreich aussäen können. So kaufen Sie das Saatgut im Idealfall nur einmal und können sich dann durch geschicktes Wirtschaften auch damit selbst versorgen.
Einige Gemüsearten bilden jedoch erst im zweiten Jahr Samen. Dazu zählt die Möhre. Sie muss im Herbst aus der Erde gezogen werden und dann kühl und in einer dunklen, mit Sand gefüllten Kiste, überwintert werden. Im Frühjahr wird sie wieder ausgepflanzt und bringt dann Samen. Für die Auswahl der Möhren, die zur Samenbildung genutzt werden sollen, sollten Sie einerseits nicht zu wenige Pflanzen wählen, da sonst die Vielfalt des Erbguts abnimmt und andererseits besonders schöne Exemplare auswählen, die Ihrem Ideal von einer Möhre ähneln. So züchten Sie nach dem Ausleseprinzip Ihre ganz persönliche Möhrensorte weiter.
Bei anderen Gemüsearten reicht es aus, einen Teil der Pflanzen länger stehen zu lassen. Kohlsorten und Lauch, Spinat und Salate beginnen dann irgendwann zu schießen und Blüten zu bilden. Meist haben Sie dann eine sehr große Menge an Saatgut. Sie sollten aber nicht länger als drei Jahre damit arbeiten, denn irgendwann verliert sich die Keimfähigkeit.

B. ZUM THEMA BITTERSTOFFE IN KÜRBISGEWÄCHSEN

Nachdem in einigen Zeitungen und auf anderen Kanälen darüber berichtet wurde, dass Kleingartenbesitzer durch den Genuss von Kürbissen oder Zucchini aus selbst vermehrten Samen gestorben sind, haben viele Menschen Angst, das Saatgut aus dem eigenen Garten weiter zu kultivieren. Die Vorsicht ist absolut berechtigt, jedoch kann man tatsächlich Saatgut aus den eigenen Kürbissen und Zucchini gewinnen, auch ohne dass sich die gefährlichen Bitterstoffe bilden. Das entsprechende Fachwissen sollte man dann aber mitbringen: Bitterstoffe wurden im Lauf der Jahrtausende bei der Entwicklung der Kürbisse immer mehr ausselektiert, sodass Kürbisse für den Menschen genießbar wurden. Die Zucchini ist ein Kürbisgewächs. Nah verwandt mit den Kürbissen sind die Melonen. Wenn ein Kleingärtner nun auf engem Raum Kürbisse und Melonen zugleich kultiviert, können durch bestäubende Insekten Kreuzbefruchtungen stattfinden. Die Melonen und Kürbisse in diesem aktuellen Jahr können bedenkenlos gegessen werden. Die Samen dieser Früchte sind jedoch nun Kreuzungen aus Kürbis und Melone. Die daraus entstehenden Pflanzen können im Folgejahr gefährliche Bitterstoffe enthalten.

Wenn Sie also Kürbisse bzw. Zucchini und Melonen im gleichen Jahr ernten möchten, müssen Sie dringend dafür sorgen, dass die Pflanzen weit auseinander stehen. Wollen

Sie lieber sichergehen, dass hier nichts passieren kann, dann wechseln Sie jahresweise zwischen der Anpflanzung der beiden Gemüsearten, um die Kreuzung auszuschließen. Selbstverständlich können Sie die Kreuzung trotzdem nicht vollständig ausschließen, da ja ein Nachbar ebenfalls Pflanzen in seinem Garten stehen haben könnte. Deshalb ist es unbedingt notwendig, dass Sie jede Zucchini, jeden Kürbis und jede Melone, die Sie aus eigener Züchtung ernten, probieren. Es handelt sich bei den giftigen Stoffen ja um Bitterstoffe. Diese schmeckt man deutlich! Wenn Sie den Verdacht haben, dass Ihr Gemüse Bitterstoffe enthalten könnte, dann spucken Sie das Gemüsestück aus, spülen Sie den Mund mit Wasser und schnappen Sie sich die Hacke, um die Gemüsepflanzen sofort auszumachen und dem Kompost zuzuführen. Werfen Sie auch alle bereits geernteten Teile weg und beginnen Sie im nächsten Jahr wieder mit gekauftem Saatgut.

C. SONDERFALL TOMATE

Tomaten sind Bestandteil in sehr vielen Gerichten und Soßen und stehen daher bei vielen Gärtnern ganz oben auf der Hitliste. Nicht in jedem Jahr gelingen sie gleich gut und bringen viel Ernte, denn Tomaten brauchen viel Licht, viel Wärme und viel Wasser. Besonders gern wachsen sie im Gewächshaus, wenn es sich nicht um ausgewiesene Freilandtomaten handelt. Auch diese haben gerne ein Dach über dem Kopf, denn wenn die Blätter der Tomaten zu oft nass werden oder die Luftfeuchtigkeit ständig zu hoch ist, dann faulen sie gern. Wenn Sie zu Anfang noch kein ganzes Gewächshaus aufstellen möchten, reicht auch ein kleines Tomatenzelt oder ein Vordach, unter dem Sie die Tomatenpflanzen auspflanzen können. Für einen Topfgarten eignen sich Tomaten ebenfalls, solange der Container groß genug ist und die Pflanze genügend Platz hat. Die unteren Blätter der Tomaten sollten Sie entfernen, denn wenn das Gießwasser von unten hochspritzt und die Blätter befeuchtet, gedeiht die Tomate nicht. Als Unterpflanzung eignet sich Basilikum, der ebenfalls viel Wasser mag. Um die Tomaten zu gießen, sollte ein kleines Ton- oder Plastiktöpfchen neben den Pflanzen eingegraben werden. Nur hier sollte das Wasser eingegossen werden, damit sich die Tomate von unten vollsaugen kann. Wenn Gärtner mit ihren Tomaten keinen Erfolg haben, liegt es oft an der falschen Gießtechnik, denn Tomaten mögen keine kalten, nassen Füße und kein Wasser von oben. Am besten lassen Sie die Gießkanne schon gefüllt für ein paar Stunden in der Sonne stehen, damit das Wasser nicht zu kalt ist.

Die Paradiesäpfel brauchen eine Stütze, um aufrecht stehen zu können. Im Handel gibt es extra Spiralstäbe, aber auch Bindfäden, die man z.B. unter dem Vordach aufhängt und Klammern zum Befestigen der Pflanze reichen völlig aus. Selbst nachgezogene Tomaten sind natürlich besonders toll. Dazu reicht eine sonnige Fensterbank mit kleinen Töpfen. Ab Februar können Tomaten und Paprika hier vorgezogen werden. Nach den Eisheiligen im Mai dürfen sie dann hinaus.

Dort zeigt die Tomate recht deutlich, wenn es ihr an dem Standort zu schattig ist. Die Blätter werden dann sehr groß und dunkel, es bilden sich viele Triebe und fast gar keine Blüten. Es lohnt sich dann, die Tomate noch einmal auszugraben und umzusetzen. Wenn dann Blüten vorhanden sind, können Sie die Pflanzen sanft schütteln, um die Bestäubung zu verbessern. Sobald Sie kleine grüne Tomaten sehen, können Sie überhängende Blätter entfernen, denn die kleinen Tomaten brauchen licht, um schön rot zu werden und Aroma zu entwickeln.

Regelmäßig müssen Sie außerdem die Blattachseln „ausgeizen". In den Verzweigungen zwischen Haupttrieb und Seitentrieben bilden sich immer wieder kleine Zwischentriebe. Statt ihre Kraft in die Bildung von Früchten zu investieren, bildet die Tomate immer mehr Äste und Blattwerk, wenn Sie diese „Geizen" nicht herausbrechen. Haben Sie einen solchen Zwischentrieb übersehen und er ist schon sehr stark geworden, können Sie ihn am Ende der Saison ausbrechen, die unteren Blätter entfernen und in Wasser bewurzeln lassen. Das dauert etwa vier Wochen, wobei Sie das Wasser regelmäßig wechseln sollten. Den bewurzelten Trieb können Sie dann in der Wohnung nahe einem sonnigen Fenster in einem Topf weiterkultivieren und auch im Winter Tomaten ernten. Wenn Sie diese Pflanze im Frühjahr wieder auspflanzen wollen, müssen Sie einen Teil des unteren Stammes mit in die Erde eingraben. Theoretisch können Sie so eine einzige Tomatenpflanze immer weiter erhalten und ungeschlechtlich vermehren.

D. GEMÜSEPFLANZEN UNGESCHLECHTLICH VERMEHREN

Auch andere Gemüsepflanzen können ungeschlechtlich über Stecklinge vermehrt werden oder nur teilweise geerntet werden, sodass sie immer weiterwachsen. Wenn Sie beispielsweise bei einem Blattsalat nur die äußeren Blätter entfernen, statt den ganzen Kopf zu ernten, wächst das Herz immer weiter. Sie haben sozusagen einen Pflücksalat daraus gemacht. Auch bei einem geernteten Salatkopf können Sie den unteren Teil abtrennen und ihn wieder einpflanzen. Nach einigen Tagen sprießen wieder neue Blätter aus der Mitte und es entstehen neue Wurzeln. Dies können Sie auch mit Frühlingszwiebeln, Mangold oder Lauch machen. Setzen Sie das kleine bewurzelte Stück, das Sie ohnehin abschneiden, einfach wieder in die Erde und gießen Sie.

Möhren wachsen nach demselben Prinzip nach, jedoch bildet sich nicht mehr nennenswert Wurzel, sondern mehr Grün. Dieses wird völlig zu Unrecht oft weggeworfen. Möhrengrün schmeckt nicht nur sehr gut, es enthält darüber hinaus auch sehr viel Vitamin C und kann Salate oder warme Gerichte bereichern.

Aus Knoblauchknollen können Sie einzelne, grün gewordene Zehen ebenfalls wieder in die Erde einbringen und im folgenden Jahr neuen Knoblauch ernten. Keimende Zwiebeln bringen Ihnen in der Folge frisches Saatgut, das Sie säen, sodass Sie in der übernächsten Saison Steckzwiebeln setzen können.

E. AUSSAAT UND PFLANZUNG RICHTIG TERMINIEREN UND ZEITLICH KOMBINIEREN

Erfahrene Gärtner bepflanzen ihre Beete mehrfach im Jahr, sodass die gesamte Vegetationsperiode hindurch etwas darauf wächst. Dazu wählen Sie zwei oder drei Pflanzenarten aus, die genau zeitlich hintereinander gepflanzt werden können. Sie sprechen dann von Vorkultur, Hauptkultur und Nachkultur. Dies ist jedoch nicht zwingend nötig und Sie sollten sich davon nicht aus der Ruhe bringen lassen. Pflanzen Sie einfach in den ersten Jahren nach der Anleitung auf dem Samentütchen und lassen Sie die Beete ansonsten gemulcht leerstehen. Sehen Sie dies als meditative Vorbereitung des Bodens auf die Leistung, die er irgendwann bringen soll. Durch den verrottenden Mulch bildet sich eine nährstoffreiche Humusschicht, die vielleicht im nächsten Jahr Ihre Gemüsesorten perfekt versorgen kann. Sie verlieren keine Zeit, der Boden gewinnt Nährstoffe und Sie gewinnen an Erfahrung. Trotzdem ist es natürlich sinnvoll, zur richtigen Zeit das richtige Gemüse zu säen und zu pflanzen.

i. Anzeiger für die Gartentätigkeiten

Keine Frage: Ein Aussaatkalender ist Gold wert. Aber wie soll man entscheiden, wann der richtige Zeitpunkt ist, mit den unterschiedlichen Gartenarbeiten überhaupt anzufangen? In jeder Region des Landes und in jedem Jahr aufs Neue unterscheidet sich der Frühlingsbeginn und ein Gärtner muss entscheiden können, ob er bei einer frühen Möhrensorte Ende März oder doch lieber erst Mitte April mit dem Aussäen beginnen soll.

Pflanzen und Tiere haben ein feineres Gespür für die Umwelt um sie herum. Sie merken schon deutlich eher als wir Menschen, wann es Zeit ist in den Frühling zu starten. Hühner beginnen wieder mit der Eiablage und die Schneeglöckchen strecken ihre Blüten durch den Schnee, obwohl es noch viel zu früh dafür zu sein scheint. Genau diese Treffsicherheit der Pflanzen kann sich der Gärtner zunutze machen. Für das Einsetzen des Vorfrühlings wird die Blüte der Schneeglöckchen als Anzeiger genutzt. Wenn Beete vorzubereiten sind, so kann der Gärtner dies ab der Blüte der Schneeglöckchen beruhigt tun, sofern der Boden schon frostfrei ist.

ii. Sorten für die erste Saat und Pflanzung (Frühjahr)

Die meisten Permakultur-Gärtner werden jedoch nichts umgraben. Sie warten lieber bis zum sogenannten Erstfrühling, der im März oder April beginnt. Sobald die gelben Blüten der Forsythien überall in den Vorgärten zu sehen sind, kann mit der ersten Saat begonnen werden. Die Forsythie gibt den Startschuss für Spinat, Radieschen und Kresse, Salate und Petersilie sowie Zwiebeln, Pastinaken und frühe Möhren. Mit der Apfelblüte beginnt der Vollfrühling. Meist zeigen sich die zarten Blütenblätter des Apfels etwa Anfang Mai, manchmal auch schon früher. Auch Löwenzahn blüht jetzt zuhauf an den Straßenrändern. Nun können die meisten Gemüsesorten schon gesät oder ausgepflanzt werden – Mangold, Erbsen und Bohnen, Mais, Lauch, alle Kräuter können jetzt gesät werden. Tomaten und Paprika können jetzt ins Gewächshaus umziehen, vorgezogene Kohlpflanzen dürfen jetzt Frischluft schnappen.

iii. Sorten für spätere Saat und Pflanzung (Sommer)

Für die warme Jahreszeit gelten Holunderblüte, Lindenblüte und die Reife der Frühäpfel als Anzeiger für Früh-, Hoch- und Spätsommer. Der Übergang vom Vollfrühling in den Frühsommer ist fließend. Jetzt können die ersten Gemüse, wie Spinat geerntet werden und Kohlpflanzen und Zucchini die Lücken in den Beeten direkt wieder besetzen. Im Hochsommer in den Monaten Juli und August haben viele Gemüsepflanzen bereits Erntezeit. Die ersten Tomaten kommen in die Küche, Zucchini werden reif, Bohnen und Erbsen können gepult werden. Jetzt kann auch Grünkohl gepflanzt werden. Im Spätsommer ist die Zeit für die Ernte der Möhren. Auch Gurken, Paprika, Tomaten und Zucchini produzieren fleißig weiter.

iv. Sorten für Herbstsaat und -pflanzung

Der Frühherbst beginnt mit der Reife der Holunderbeeren im August bis September. Jetzt können immer noch Zucchini geerntet werden, wenn das Wetter sommerlich bleibt. Tomaten produzieren langsam weniger Früchte oder diese reifen nicht mehr ab. Rettich, späte Möhren und einige Bohnensorten können jetzt geerntet werden. Im Vollherbst, der im September bis Oktober durch die Reife der Eicheln und Bucheckern angezeigt wird, kann der Grünkohl sich weiter entwickeln, während Zucchini nicht mehr zu erwarten sind. Die Pflanzen können entfernt werden. Nun kann schon mit der Aussaat des Feldsalates begonnen werden. Wenn die Eiche die Blätter im November verfärbt, beginnt der Spätherbst. Jetzt ist die richtige Zeit, Obstbäume und Beerensträucher zu pflanzen. Petersilie und Endivie können noch geerntet werden.
Wenn im Herbst alle Beete leer sind, können Sie entweder im Freiland unter Folie oder im leeren Gewächshaus bzw. Tomatenzelt weiteren Feldsalat säen. Dieser ist wirklich anspruchslos und das frische Grün ist im eher kärglichen Selbstversorgergarten ohne beheizte Gewächshäuser ein willkommener Gruß aus der Natur. Meist verbreitet sich

der Feldsalat ohne Ihr Zutun ganz wunderbar im ganzen Gewächshaus, bis die Temperaturen im Frühling zu hoch werden. Dann beginnt er in die Höhe zu schießen und Blüten zu bilden. Lassen Sie ihn noch eine Weile stehen und ernten Sie vor der neuen Saison Ihre ersten Samen für den nächsten Herbst.

v. Bepflanzungspläne

Man kann es sich auch einfach machen. Nicht jeder Gärtner muss das Rad neu erfinden und nichts ist demotivierender, als vor einer überbordenden Fülle an Informationen zu stehen und nicht zu wissen, wie man sie strukturieren soll, um anzufangen. Daher können Sie in den ersten Jahren fertige Bepflanzungspläne für einzelne Beete nutzen. Hier sind die Prinzipien der Permakultur und der Folgesaaten mit Vor-, Haupt- und Nachkultur schon berücksichtigt. Für den erfolgreichen und motivierten Start brauchen Sie also nur einen oder mehrere dieser Pläne auszuwählen, das Saatgut oder ggf. die Jungpflanzen zu besorgen und schon sind Sie ein Gärtner mit einem durchgeplanten Beet. Natürlich müssen Sie keinen Mangold in Ihre Mischkultur pflanzen, obwohl niemand in der Familie dieses Gemüse mag. Lassen Sie dieses Element dann einfach weg. Achten Sie aber darauf, die Mischkultur trotzdem Artenreich zu halten, sonst landen Sie irgendwann doch fast bei einer Monokultur.

Sie müssen auch keine Angst vor möglichen Überschüssen haben. Überzählige Pflanzen können entweder als Samenlieferant stehengelassen werden, oder Sie beglücken Ihre Verwandtschaft oder Freunde mit eingemachten oder frischen Geschenken aus dem Garten. Gegen Tomaten aus dem Garten hat wirklich niemand etwas, Sie werden also bestimmt Abnehmer für Ihr Gemüse finden.

• Bepflanzungsplan 1: Die „Drei Heiligen Schwestern“

Wie bereits erwähnt nutzten die Maja eine Mischkultur aus Hülsenfrüchten, Mais und Kürbis. Hier haben Sie ein wenig Auswahl: An Hülsenfrüchten könnten Sie Erbsen oder eine bei Ihnen zu Hause beliebte Bohnensorte wählen. Mais gibt es als Zuckermais für Gemüsemischungen oder auch Popcorn-Mais. Zu den Kürbissen zählen neben den beliebten Hokkaidos und Butternuts auch die Zucchini. Über die Vorteile dieser Zusammenstellung wurde schon weiter oben informiert. Nun geht es an die Umsetzung.
Ab Februar oder März können Sie auf der Fensterbank Zucchini oder Kürbisse vorziehen. Das geht auch in einem beheizten Gewächshaus, jedoch nicht im Freiland. Sorgen Sie sich nicht, wenn die Pflanzen noch bis April eher klein sind. Sie werden spätestens im Juni riesig. Wenn das Wetter stabil warm ist, also nach den Eisheiligen, können Sie die Kürbisse auspflanzen. Für die Drei Schwestern sollten Sie die

Kürbisse nicht an Pfählen hochbinden, denn sie sollen ja den Boden beschatten. Planen Sie dafür pro Pflanze ungefähr ein bis anderthalb Quadratmeter Platz ein.
Säen Sie den Mais direkt daneben in einer Reihe oder im Halbkreis um die Kürbispflanzen. Sie können auch ab März vorgezogenen Mais direkt auspflanzen. Die Maiskörner sollten vor der Aussaat etwa acht bis zehn Stunden vorquellen. Dazu verwenden Sie am besten handwarmes Wasser. Halten Sie beim Säen oder Auspflanzen der Maispflanzen aber einen Abstand zu den Kürbis- bzw. Zucchinipflanzen von etwa einem Meter, damit die Blätter der Kürbisse nicht den kleinen Maispflänzchen das Licht wegnehmen. Nun können Sie neben die Maissaat oder die jungen Maispflanzen auch gleich die Bohnen säen. Sie werden den Mais zum Klettern nutzen und ihm gleichzeitig Nährstoffe liefern. Das Beet sollte nach Saat oder Pflanzung gut gemulcht und natürlich gegossen werden.
Für dieses Beet brauchen Sie volle Sonne, denn vor allem Mais braucht zum Reifen viel Licht und Wärme. Ideal ist ein Beet, an dem wenig Wind ankommt.

• Bepflanzungsplan 2: Starkzehrerbeet

Hier tummeln sich viele Pflanzen, die einen hohen Nährstoffbedarf haben. Es ist also empfehlenswert, dieses Beet im Folgejahr an einer anderen Stelle anzulegen. Es setzt sich zusammen aus Spinat, Kohlrabi, Zucchini oder Kürbis, Grünkohl und Radieschen. Zunächst wird im März der kälteverträgliche Spinat gesät. Dies ist bis zur Ernte des Spinats im Mai die Vorkultur. Ab den Eisheiligen im Mai können dann die vorgezogenen Zucchini und der Kohlrabi gemeinsam ins Beet. Sind sie im September geerntet und das Beet wieder leer, übernehmen Radieschen und Grünkohl die Nachhut. Die Radieschen brauchen nur bis Oktober zur Erntereife. Nach dem ersten Frost kann dann der Grünkohl als letztes geerntet werden und das Beet ist wieder leer.

- **Bepflanzungsplan 3: Mittelzehrerbeet**

Dieses Beet ist ausgewogen und daher einfach zu handhaben, auch wenn der Boden noch nicht lange gemulcht wurde und dadurch weniger Nährstoffe enthalten könnte. Hier ernten Sie nach und nach Radieschen, Salat, Petersilie, Zwiebeln, Möhren, Rettich und Endivie. Im Frühjahr beginnen Sie mit Radieschen und Salat und einer frühen Möhrensorte. Die Saat kann schon im März bei gutem Wetter erfolgen. Auch Steckzwiebeln können schon gepflanzt werden. Nutzen Sie pro Reihe eine Sorte Gemüse, damit Sie nicht durcheinanderkommen. Säen Sie aber Radieschen und Salat gemeinsam. So dient das Radieschen als Markiersaat und wenn die kleinen scharfen Wurzeln reif sind, nimmt der größer werdende Salat den frei werdenden Platz ein. Wenn die Salate im Mai geerntet sind, können Sie die

Reihen stattdessen mit einer späten Möhrensorte und Petersilie füllen. Petersilie mag jedoch nicht ein weiteres Jahr am selben Platz stehen. Auf diesen Wunsch sollten Sie aus purem Eigennutz Rücksicht nehmen, denn die Petersilie ist darin nachtragend und wächst nicht gut. Außerdem sollten Sie zwischen Salaten und Petersilie im Beet eine andere Pflanze setzen, denn sie sind keine guten Partner. Wenn die frühe Möhrensorte reif ist und gezogen werden kann, kann ab August der Rettich dort gesät werden. Auf die ehemals von Zwiebeln bevölkerte Reihe kann ab dessen Ernte im August der Endiviensalat. So ist das Beet bis November reichlich gefüllt.

• Bepflanzungsplan 4: Schwachzehrerbeet

Wenn Sie bereits im Vorjahr stark nährstoffbindende Pflanzen hier gezogen haben, können Sie nun an der gleichen Stelle anspruchslosere Pflanzen kultivieren. Im März können Sie mit Kresse beginnen und dazwischen frühe Möhren säen. Ab Mai übernehmen Mangold und Bohnen das Feld. Nach der Ernte der Bohnen kann im September der Feldsalat hier gedeihen.

• Langsame Hauptkulturen

Manche Gemüsesorte braucht sehr lang für die Entwicklung. Hierzu zählen die Pastinake und der Lauch. Die Pastinake benötigt von der Saat im März bis in den September oder sogar November bis er erntereif ist. Hier erübrigt sich also eine Vor- oder Nachkultur. Lauch bleibt lange mickrig und dünn, bevor er richtig Fahrt aufnimmt und fett wird. In der Zwischenzeit sollte er immer wieder gehäufelt werden, damit sich der Weißanteil erhöht. Dabei wird Erde um den Schaft herum aufgehäuft, damit dieser an einem größeren Abschnitt kein Sonnenlicht bekommen kann und dadurch länger wird.

- **Fruchtfolgen**

Der Boden muss sehr viel Leistung bringen, wenn Sie langfristig darauf Gemüse anbauen. Daher können Sie jahresweise die Bepflanzungen abwechseln, um dem Boden nach einem Jahr der intensiven Bewirtschaftung genug Zeit zu geben, wieder Nährstoffe anzusammeln. Hat ein Beet im ersten Jahr Starkzehrer beherbergt, pflanzen Sie im Folgejahr Mittelzehrer, dann Schwachzehrer und im vierten Jahr eine Gründüngung, z.B. mit Buchweizen oder Bienenweide. Wenn Sie vier Beete angelegt haben, versetzen Sie die Pflanzungen jährlich ein Beet weiter und nutzen je ein Beet für Stark-, Mittel- und Schwachzehrer sowie Gründüngung.

4. Obst anbauen

Obstbäume benötigen nicht zwangsläufig viel Platz in einem Garten. Auch kleine Säulenobstbäume oder Spalierbäume liefern in der Regel reichen Ertrag und verschönern außerdem langweilige Wände oder schaffen einzelne Gartenzimmer. Besonders gut kann man diese Bäume statt einer raumgreifenden Hecke aus Kirschlorbeer oder Hainbuche setzen. So haben Sie einen Sichtschutz wie bei einer anderen Hecke, aber gleichzeitig einen Ertrag. Darüber hinaus wird eine Hainbuchen- oder Kirschlorbeerhecke schnell zu üppig, wenn sie nicht ein- bis zweimal pro Jahr geschnitten wird. Diese Arbeit ist aber kulinarisch gesehen nicht sinnvoll. Spalierbäume benötigen viel weniger Platz in der Breite und müssen lediglich erzogen werden. Dazu braucht es Pfosten, Drähte und Latten, mit denen ein Spalier gebaut wird. Bei Spalierbäumen kann zwischen den Stämmen eine Unterpflanzung für mehr Sichtschutz im unteren Bereich sorgen. Die Obstsorten können nahezu frei gewählt werden, solange sich die Bäume am Spalier entlangführen lassen. Für sonnige Standorte oder Südwände eignen sich Weinreben, Birnen und Kiwis, die äußerst sonnenhungrig sind. Ist es teilschattig, gedeihen Pflaumen, Äpfel, Kirschen oder Aprikosen.

Achten Sie beim Begrünen von Wänden mit Spalierobst auf genügend Abstand zur Wand, damit die Luft zwischen Spalier und Wand noch zirkulieren kann. Andernfalls machen sich Pilzerkrankungen breit. Wenn das Spalier frei stehen soll, muss es stabil genug im Boden verankert sein, damit es Winden standhält. Außerdem sollten die Spalierbäume nicht höher als zwei Meter werden. Andernfalls werden die Pflege und Ernte erschwert. Bedenken Sie bei der Pflanzung, dass die Bäumchen schnell größer werden. Ein Abstand von mindestens fünf Metern sollte eingehalten werden, damit die Bäume nicht ineinander wachsen und miteinander konkurrieren. Der unterste Draht oder die unterste Latte sollte bei der ersten Verzweigung über dem Stamm liegen. Daran werden die frischen Triebe festgebunden und entlanggeführt. Sind die Bäumchen einige Jahre alt, ist die Führung der Äste nicht mehr nötig. Jetzt muss nur noch geschnitten werden.

Weinreben erfordern während des Jahres mehrere Pflegemaßnahmen, mit denen sich der Gärtner ein wenig auskennen muss. Die neuen Reben müssen bis auf zwei oder drei Stück pro Weinstock entfernt werden, damit die Pflanze ihre Kraft in diese Reben investiert. Diese müssen dann entlang der Drähte geführt werden. Die daran daraus wachsenden jungen Triebe werden vereinzelt. Später müssen sie zurückgeschnitten werden und eventuell müssen Blätter vor den

Trauben entfernt werden, damit diese genügend Sonne bekommen, um abzureifen. All dies ist eher aufwändig im Vergleich zu einem Apfelbäumchen.

Denken Sie beim Schnittgut wieder an den Kreislauf: Verarbeiten Sie abgeschnittene Obsthölzer z.B. für einen geflochtenen Sichtschutz oder ein Hügelbeet. Vielleicht möchten Sie auch eine Benjeshecke anlegen. Wie das geht ist bereits bei den speziellen Gartenelementen der Permakultur beschrieben.

Wenn Sie Obstgehölze pflanzen wollen, kann auch eine Naschhecke als Gestaltungselement gesetzt werden. Hierbei handelt es sich um Obstbäume, die aber eher strauchartig wachsen und niedriger bleiben. Oft werden sie direkt als Hecke im Handel angeboten. Sie bestehen aus vielen verschiedenen Obstsorten, die nach einigen Jahren ineinanderwachsen und ein dichtes, heckenähnliches Geflecht bilden.

Obstbäume brauchen einmal jährlich einen Rückschnitt. Wie viel und wann zurückgeschnitten wird entscheidet darüber, wie viel der Baum im nächsten Jahr wachsen wird. Als Grundregel gilt: Starker Rückschnitt verursacht starken Wuchs. Je früher der Schnitt, desto stärker treibt der Baum im nächsten Jahr aus. Je nachdem, was Sie also bewirken wollen, sollten Sie weniger oder mehr zurückschneiden. Kernobstbäume werden im Winter geschnitten, Steinobstbäume im Sommer gleich nach der Ernte. Pfirsiche bilden hier eine Besonderheit: Sie werden erst im Frühjahr vor dem Austreiben geschnitten. Dann können die aufsteigenden Säfte aus der

Schnittwunde austreten. Werden Pfirsiche nicht geschnitten, kann der Stamm durch den Saft aufplatzen.

A. OBSTBÄUME ERZIEHEN

i. Erhaltungsschnitt

Wenn der Ertrag der Bäume erhalten bleiben soll, muss jährlich ein Erhaltungsschnitt getätigt werden. Sogenannte Wassertriebe, also senkrecht nach oben gewachsene Äste müssen besser schon im Frühjahr herausgerissen werden, bevor sie verholzen. In die Krone hineinwachsende Äste sollten im Spätherbst entfernt werden. Außerdem alle Konkurrenzäste, die den Hauptast bzw. Mitteltrieb zu überwachsen drohen. Zuletzt werden außerdem alte, herabhängende Zweige entfernt und stattdessen ein jüngerer Trieb stehengelassen. So bleiben die Obstbäume immer vital und tragen gut.

ii. Kronen auslichten

Hat der Obstbaum zu viele Äste, dann tragen sie weniger und kleinere Früchte, die nicht gut abreifen. Die Gefahr für Pilzkrankheiten steigt, wenn die Krone zu dicht ist und deshalb zu wenig Luft hindurch zirkulieren kann. Dünnen Sie daher die Krone ruhig aus, wenn Sie meinen, dass der Baum zu viele Äste hat.

iii. Triebe korrigieren

Wenn die Triebe zu steil nach oben wachsen, bilden sich weniger Blütenknospen. Stattdessen wachsen diese Triebe stark und die Kraft des Baumes wird in Holzproduktion gesteckt, statt in die Produktion der Früchte. Zu steile Triebe können deshalb nach unten gebunden werden, z.B. wie bei Spalierobst an einem Spalier, oder sie können mit Gewichten beschwert werden.

iv. Säulenobst schneiden

Beim Säulenobst werden schon im Frühsommer die Seitentriebe bis zum ersten Astring abgeschnitten. Der Mitteltrieb darf erst ab dem achten Jahr des Baumes über einem Seitentrieb gekappt werden. Alle neuen Austriebe werden im Sommer entfernt. Diese Form der Obstbaumerziehung ist also eher weniger aufwändig im Vergleich zu anderen Erziehungsformen.

v. Obstbäume und Beerensträucher pflanzen

Die beste Pflanzzeit für Bäume und Sträucher ist der Herbst. Dann ist das Erdreich feucht genug, dass sich die ausdauernden Gehölze gut einwurzeln können, bevor sie mit der Produktion neuer Triebe im Frühjahr beginnen. Pflanzt man im Frühjahr, sollte dies schon sehr zeitig erfolgen, denn sonst kämpft der Baum oder Strauch gleichzeitig an zwei Fronten und schwächt sich dadurch selbst. Über den Winter wächst das Wurzelwerk zwar nur langsam, aber die Zeit kann sich der neue Strauch oder Baum ja dann auch nehmen.
Leider mögen sich Obstbäume und Beerensträucher nicht. Sie sollten hier also einen Abstand zwischen beiden Sorten einplanen. Ohnehin bevorzugen die meisten Obstbäume sonnigere Standorte als Beerensträucher.

vi. Sonderfall Zitrusfrüchte und Kiwi

Frische Zitronen, Kumquats oder Orangen kann man auch auf dem eigenen Balkon oder im Garten ziehen. Die Bäumchen kann man als kleine Stämmchen fertig kaufen, was sich in diesem Fall auch empfiehlt. Besonders Zitronenbäumchen verströmen während der Blüte einen intensiven Duft und auch die Optik der kleinen Bäume ist wirklich etwas fürs Auge. Leider kranken die meisten Zitrusfrüchte während des Winters im Wintergarten oder der Garage vor sich hin, bis der Gärtner es aufgibt und die Pflanzen entsorgt. Oft ist es die weiße Fliege oder auch Schimmelbildung, die den Zitrusbäumen den Garaus macht. Dies lässt sich verhindern, indem die Bäume in einem leichten Luftzug stehen. Wer eine Lüftungsanlage für das Haus hat, der hat es hier einfacher. Auch im kühlen Hausflur direkt neben der Tür kommt genug Luft für so ein Bäumchen an. Solange die Luft nicht steht, geht es den Pflanzen meist gut. Zu warm darf es auch nicht werden, deshalb ist ein stark beheizter Wintergarten nicht der richtige Platz.

Kiwis sind wiederum in einem Wintergarten gut aufgehoben. Diese ausdauernden Gewächse mögen das ganze Jahr über die Wärme und belohnen das mit einer reichen Ernte im Winter. Auch ein beheiztes Gewächshaus kann Kiwis hervorbringen. Man muss jedoch dabei bedenken, dass Kiwis zweihäusige Pflanzen sind, d.h. sie bilden männliche und weibliche Pflanzen aus. Um Früchte zu erhalten, müssen Sie also mindestens eine Pflanze je Geschlecht kultivieren. Wenn die Kiwis in einem Wintergarten stehen, müssen Sie außerdem die bestäubenden Insekten ersetzen und von Hand befruchten, indem Sie den Blütenstaub mit einem Pinsel abnehmen und bei den weiblichen Pflanzen auf die Blütennarbe tupfen. Von der Wuchsform her sind Kiwis wie Wein kletternde Gewächse. Sie müssen im späten Winter und im Hochsommer gestutzt werden. Die großfrüchtigen Kiwis sind nährstoffhungrig und mögen leicht sauren, feuchten

Boden und einen sonnigen, geschützten Platz an einer Hauswand oder unter Glas. Der Aufwand bei der Kultivierung dieser Pflanzen lohnt sich, denn im ansonsten eher kargen Selbstversorger-Garten versorgen sie den Gärtner mit viel frischem Vitamin C.

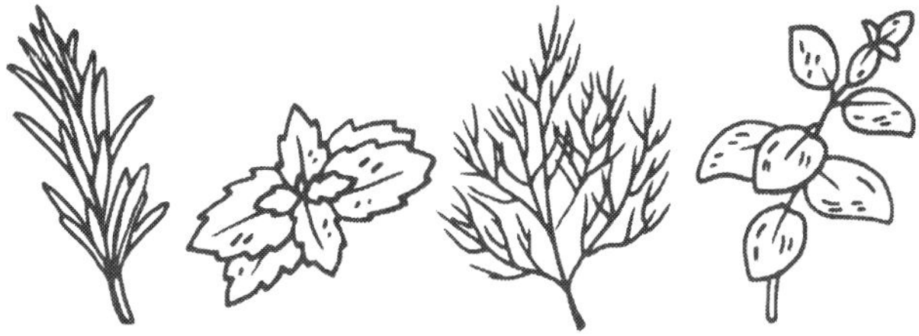

5. Kräuter anbauen

A. KÜCHENKRÄUTER

Was wäre die Küche nur ohne Kräuter? In jeder Region der Welt unterscheidet sich der Einsatz von Gewürzen und Kräutern und nur durch sie wird eine Küche regional unverwechselbar. Aber nicht nur der Geschmack der Speisen wird durch Kräuter und Gewürze besser, viele dieser Zutaten sind außerdem reich an Vitaminen und Mineralstoffen. Außer bei bestimmten körperlichen Leiden sollten Sie mit Kräutern nicht sparsam umgehen, denn sie bereichern die Küche um viele gesundheitsfördernde Stoffe. Als Selbstversorger können Sie leicht die gängigen Küchenkräuter, wie Schnittlauch, Petersilie, Thymian, Rosmarin und andere Kräuter ziehen. Auch Pflanzen zur Zubereitung wohltuender Tees, wie Minze, Zitronenmelisse oder Salbei sind einfach zu kultivieren. Bei den einzelnen Kräutern gibt es aber Besonderheiten zu beachten und besonders im Permakultur-Garten können Kräuter zusammen mit anderen Nutzpflanzen in förderlichen Gemeinschaften gepflanzt werden. Oft gesellen sich die Küchenklassiker hier zusammen: Basilikum ist die ideale Unterpflanzung für Tomaten, Dill wächst besonders gerne neben Gurken.

Eine Kräuterspirale vereint alle Ansprüche der Kräuter an Standorte und Feuchtigkeit. Jedoch verbraucht sie viel Platz. Dabei können Kräuter auch gemeinsam mit anderen Gemüsearten in den Beeten stehen oder in gestapelten oder hängenden Töpfen untergebracht werden. Gute Partner sind die mediterranen Kräuter Thymian, Rosmarin, Oregano, Lorbeer, Lavendel und Salbei. Petersilie steht lieber allein und vor allem nicht mehrere Jahre hintereinander an derselben Stelle. Sie hinterlässt Stoffe in der Erde, die das Wachstum im nächsten Jahr unterdrücken.

Schnittlauch ist eine perfekte Beeteinfassung. Er sollte nur vor der Blüte verzehrt werden, da er später bitter wird und nicht mehr schmeckt. Meist muss man Schnittlauch mehrfach nachsäen und vor allem anfangs gut feucht halten, damit er sprießt. Hat man ihn aber erst einmal angesiedelt, erfreut er den Gärtner mit üppigem Wachstum Jahr für Jahr. Die Blüten sehen wunderschön aus und liefern viele neue Samen, daher sollten Sie immer auch einige Pflanzen blühen lassen.

Kresse muss nicht aus einem kleinen Kästchen kommen. Keine andere Pflanze ist so schnell zu ziehen wie Kresse. Nachdem die Samen über Nacht eingeweicht in Wasser eine gelartige Masse gebildet haben, wird diese auf die Erde oder das Substrat geschüttet und die Samen verteilt. Kresse enthält

viel Vitamin C und gibt Gerichten dank ihres scharfen, würzigen Geschmacks eine besondere Note. Lässt man die Pflanzen weiter wachsen, entwickeln sich daraus etwa 50cm hohe Pflanzen, die wieder Samen bilden können.
Ein etwas unbekannteres Kraut für die deutsche Küche ist der Schwarzkümmel. Dieser hat keinerlei Verwandtschaft mit dem Kümmel, den die gutbürgerliche Küche nutzt. Angeblich heilt Schwarzkümmel jede Krankheit außer den Tod. Außerdem schmeckt er sehr gut in orientalischen Gerichten, Brot oder Brötchen und darüber hinaus sieht die Pflanze sehr hübsch im Garten aus mit ihren blassblauen Blüten. Die Kultivierung ist sehr einfach und die Pflanze anspruchslos. Haben sich die Blüten zu Samenständen entwickelt, können die Schwarzkümmel-Samen einfach herausgeschüttelt und dann in der Küche verwendet werden.
Minze und Zitronenmelisse sind mit Vorsicht zu pflanzen. Diese beiden Kräuter sind sehr bekömmlich als Tee oder auch als Kraut in Nachtischen. Jedoch sollten sie ausschließlich in Töpfen gehalten oder mit Wurzelsperre im Garten ausgepflanzt werden. Vor allem Zitronenmelisse bildet sonst riesige Büsche, die sich kaum eindämmen lassen. Minze verbreitet sich im gesamten verfügbaren Raum, wenn man sie lässt. Beide Arten stellen keine besonderen Ansprüche, müssen aber kontrolliert werden.
Kamille sollte in keinem Küchengarten fehlen. Passen Sie beim Ernten der Kamille besonders gut auf, denn die echte Kamille, wie wir sie für den Kamillentee nutzen wollen, hat

viele Doppelgänger. Kamillenblüten sind im Inneren hohl und ihre weißen Blütenblätter stehen nach unten, anders als bei Margeriten. Kamille ist einjährig und bildet intensiv duftende Blütenstände. Besonders eignet sich Kamille zur Behandlung von Magen-Darm-Beschwerden, aber auch zur Linderung von entzündlichen Hautproblemen. Inhalation mit einem Aufguss hilft gegen Atemwegsinfekte. Eine Spülung der Augen mit Kamille ist dagegen nicht zu empfehlen. Für die Herstellung einer Kamillensalbe können Sie eine Handvoll getrocknete Blütenköpfe der Kamille in Sonnenblumen- oder Olivenöl einlegen. Nach zwei Wochen wird das Öl abgeseiht und mit Bienenwachs zusammen in einem Topf bei schwacher Hitze erwärmt, bis das Wachs geschmolzen ist. Mischen Sie die Öle, füllen Sie die noch heiße Masse in kleine sterilisierte Schraubgläser und verschließen Sie diese luftdicht. Wenn Sie sauber gearbeitet haben, hält sich die Salbe länger als ein Jahr. Sie kann statt Wundcreme für den Babypo, als Körpercreme oder auch als Badezusatz für ein beruhigendes Ölpflegebad verwendet werden.
Unter den Heilpflanzen tummeln sich auch viele, die wir eher unter die Zierpflanzen verorten würden. Aber den doppelten Nutzen nimmt natürlich jeder Gärtner gerne in Anspruch. Von Himbeeren können die Blätter genutzt werden für einen Tee gegen Zyklusbeschwerden oder während der Schwangerschaft zur Vorbereitung der Geburt. Er regt die Durchblutung der Gebärmutter an und hilft daher auch Frauen mit Kinderwunsch. Ein weiteres Kraut für Frauen ist der

Frauenmantel. Ein Tee aus den Blättern dieses Krauts hilft bei Beschwerden mit der Periode und auch gegen ungewollte Kinderlosigkeit. Außerdem wird Frauenmantel eine positive Wirkung bei Magen-Darm- sowie Wechseljahrsbeschwerden und allen möglichen weiteren Leiden zugesprochen.

Wunderschön in gelb und orange blüht die Ringelblume. Es scheint keinen einzigen Bauerngarten hierzulande zu geben, in dem die Ringelblume keinen Platz hat. Das hat seinen guten Grund: Ringelblumen haben eine antientzündliche Wirkung und werden gerne für Tinkturen, Öle oder Cremes verwendet. Analog zu der oben beschriebenen Herstellung und Verwendung einer Kamillencreme kann auch eine Ringelblumensalbe oder ein Ringelblumenöl hergestellt und genutzt werden. Beides eignet sich hervorragend zur Reinigung und Pflege eines empfindlichen oder wunden Windelbereichs bei einem Baby. Auch bei entzündlichen Veränderungen der Haut an anderen Stellen hilft Ringelblumensalbe sehr gut.

Kümmel mit seinen kleinen weißen Doldenblüten ist ebenfalls ein Hingucker in jedem Beet. Das Kraut wird oft gemeinsam mit Fenchel und Anis in Tees gegen Magen-Darm-Beschwerden eingesetzt. Diese Mischung wird auch zur Anregung des Milchflusses bei Stillmüttern eingesetzt. Brote und fette Speisen werden bekömmlicher durch die Beigabe von Kümmel. Nicht jeder schätzt den Geschmack der Samen, jedoch ist seine positive Wirkung auf den Magen-Darm-Trakt unumstritten.

B. WEITERE HEILPFLANZEN

Tüpfel-Johanniskraut, Wermut und andere Heilpflanzen werden als nicht verschreibungspflichtige Präparate in Apotheken und Drogerien verkauft. Dennoch ist der eigene Anbau zur Selbstmedikation mit Vorsicht zu genießen, denn Johanniskraut kann bei einer Überdosierung zu schweren Verbrennungen der Haut selbst bei kurzen Sonnenbädern führen. Wermut kann bei einer Überdosis zu Erbrechen, Bauchkrämpfen und in extremen Fällen sogar zu Nierenschäden führen. Zwar kann man roten Fingerhut, Beinwell oder andere Heilpflanzen leicht im Garten pflanzen und kultivieren, aber meist ist das nicht zielführend. Über die oben beschriebenen Kräuter und Heilpflanzen hinaus, die alltägliche Wehwehchen kurieren können, sollten Sie sich gut überlegen, ob sich der Anbau solcher Pflanzen überhaupt lohnt. Halten Beschwerden an oder werden sie zu stark, helfen auch die im Garten gezogenen Heilpflanzen meist nicht mehr, sondern es sollte ein Arzt aufgesucht werden, um die Ursache der Beschwerden zweifelsfrei zu klären und adäquat zu medikamentieren. Überall dort, wo die Dosis eine Rolle spielt, können Sie sich und anderen mit Heilpflanzen mehr schaden als nützen.

C. KRÄUTER VERMEHREN

Neben der geschlechtlichen Vermehrung der Kräuter über Samen kann man auch aus Stecklingen neue Pflanzen ziehen. Dazu werden etwa zehn Zentimeter lange Ästchen abgebrochen und schräg angeschnitten. Die Blättchen werden bis auf diejenigen am oberen Drittel entfernt. Nun können Sie die Ästchen ins Wasser stellen und innerhalb von vier Wochen bewurzeln die Kräuter neu. Dies funktioniert z.B. mit Thymian, Basilikum, Majoran, Oregano und Salbei.

6. Selbstversorgung vom Balkon in Permakultur

Keineswegs schließen sich die Ideen der Permakultur und Selbstversorgung und ein Balkon- oder Topfgarten gegenseitig aus! Es ist auch dann sinnvoll, eigenes Gemüse, Obst oder auch nur Kräuter und Sprossen selbst zu ziehen und zu essen, wenn Sie nur wenig Raum dafür zur Verfügung haben. Bedenken Sie: Der Mensch ist immer noch von seiner Biologie her ein Jäger und Sammler. Die größte Zeit des Jahres hat er umherstreifend auf der Suche nach Nahrung verbracht. Diese Nahrung wurde möglichst frisch verzehrt. Von der Ernte bis zum Verzehr vergingen wenige Sekunden bis Stunden. Wo bekommen Sie so frische Lebensmittel heute her, wenn nicht aus dem Garten oder eben von Balkon und Fensterbank? Ein großer Teil der Vitamine und Mineralstoffe geht innerhalb der ersten Stunden nach der Ernte einer Frucht schon verloren, ein weiterer Teil bei der Zubereitung. Auch wenn Sie sich nur einen Naschbalkon mit Erdbeeren und ein paar Kräutern anlegen, haben Sie also sehr viel Gutes für sich selbst und Ihre Familie getan. Sie müssen sich den

Kauf weiterer Erdbeeren oder Kräuter im Geschäft ja deshalb nicht kategorisch verbieten.
Sogar wenn Sie keinerlei Möglichkeit haben, ein paar Töpfe außerhalb Ihrer vier Wände aufzustellen, können Sie sich zu einem Teil selbst versorgen. Manchmal haben Betriebe Streuobstwiesen gepachtet, die sie aber nicht nutzen. Um einen landwirtschaftlichen Betrieb anmelden zu können, müssen entsprechende Flächen beim Amt angegeben werden, die der Betreiber pachtet oder besitzt. Manchmal werden auch für die Pflege erhaltenswerter Kulturflächen, wie es bei der Streuobstwiese der Fall ist, Subventionen an den Pächter oder Besitzer gezahlt. Werden diese Flächen aber nirgends wirklich benötigt, z.B. weil der Betrieb nur Landmaschinen verleiht, dann entstehen bemerkenswerte Behelfskonstruktionen. Bei diesen Betrieben kann man anfragen, ob das Obst geerntet und verwertet werden darf. Auch bei Online-Plattformen bieten Obstbaum-Besitzer ihre Überschüsse gegen einen kleinen Betrag, eine Sachspende oder auch kostenlos an. Nussbäume werden mancherorts von den Gemeinden versteigert. Bucheckern und Pilze sind im Wald für jeden verfügbar. Wenn Sie aber Pilze sammeln wollen, müssen Sie dringend zuvor einen Lehrgang gemacht haben oder mit einem erfahrenen Pilzsammler auf die Suche gehen, denn Speisepilze sind nicht ohne Sachkenntnis von giftigen Doppelgängern zu unterscheiden.
Der Selbstversorger-Balkon oder -Dachgarten, wenn Sie denn die Möglichkeit dieser Art des Gartens nutzen können,

muss natürlich anders gestaltet werden, als ein „richtiger" Garten. Töpfe, Container, Wandkonstruktionen und Hängeampeln bilden den Wurzelraum. Hier gibt es sehr viele Ideen, wie der Raum optimal genutzt werden kann, sei es durch recycelte PET-Gefäße und Tetra-Paks, Paletten, stapelbare Gefäße oder Hängekonstruktionen. Vertikale Flächen sind die Chance des Balkongartens. Sogar kompostieren können Sie auf dem Balkon oder in der Wohnung. Bokashi-Eimer oder Wurmkisten produzieren wunderbare Erde, ohne unangenehm zu riechen.

Sogar, wenn Sie nur Töpfe für die Kultivierung nutzen, können Sie Mischkulturen pflanzen. Die Töpfe können versetzt in mehreren Lagen gestapelt werden, um die begrenzte Fläche besser auszunutzen. Denken Sie auch an die Außenseite des Geländers, denn hier haben Sie eine weitere Fläche und genug Möglichkeiten, untereinander hängende Töpfe oder Säcke zu befestigen.

Als Behälter kann dabei eigentlich alles dienen, jedoch verdunsten aus Plastikgefäßen die Wasservorräte schneller und durch das warme Sonnenlicht heizt sich der Wurzelballen in einem schwarzen Gefäß sehr stark auf. Tongefäße sind dafür weniger frosthart und können reißen. Die Optik spielt natürlich auch eine Rolle, wenn Sie den Raum auch zur Entspannung nutzen möchten. Am nachhaltigsten ist es natürlich, bereits vorhandene Gefäße zu verwenden und damit kreative und schöne Arrangements zu schaffen. Letztlich ist Ihr Balkon sogar für Permakultur geschaffen, denn er ist eine kleine Wärmefalle. Mediterrane Gewächse fühlen sich hier unter Umständen wohler, als in einem klassischen Garten.

Große Töpfe oder Container sind kleinen gegenüber zu bevorzugen. Da der Wurzelraum für die Pflanzen begrenzter ist, trocknet die Erde schneller wieder ab und Sie müssen dann öfter gießen. Bei größeren Behältern können Sie mehr Wasser auf einmal geben, ohne dass Ihre Pflanzen nasse Füße haben und faulen. In einem größeren Behälter können Sie sogar kleine Säulenobst-Bäume kultivieren.
Tierhaltung ist jedoch nur auf sehr großen Balkonen oder Dachgärten möglich. Bedenken Sie, dass die Tiere sich bewegen wollen und genügend Raum dazu bräuchten. Hühner sind Tiere, die gern scharren. Diese Möglichkeit bleibt ihnen auf einem gefliesten Dachgarten oft verwehrt. Kaninchen und Hasen müssen aus Gründen des Tierwohls in größeren Gruppen gehalten werden. Hasen sind Feldtiere, die viel laufen wollen. Kaninchen wollen Gänge graben. Bei Bienen haben Sie noch die größten Chancen einer artgerechten Haltung auf Balkon und Dachterrasse. Nur dort, wo Sie sich sicher sind, dass die Tiere genügend Auslauf und Angebot haben, Ihre natürlichen Verhaltensweisen auszuüben, können Sie guten Gewissens eine Selbstversorgung mit tierischen Produkten anstreben.

7. Tierhaltung

Ein Prinzip der Permakultur ist, dass Mensch, Tier und Pflanze in einem tragfähigen, nachhaltigen Zyklus zusammenleben. Wahrscheinlich werden sich die meisten Selbstversorger nicht ans Schlachten ihrer Tiere herantrauen. Sofern Sie nicht Vegetarier oder Veganer sind, müssen Sie sich bei der Versorgung mit tierischen Lebensmitteln also überlegen, welchen Weg Sie einschlagen möchten. Tierhaltung bedeutet ein Stück mehr Verantwortung, denn es handelt sich ja um empfindsame Wesen, die unter tiergerechten Bedingungen gehalten werden müssen und zuverlässig versorgt sein wollen. Möchten Sie sich also mit Eiern, Honig, Wolle oder gar Fleisch versorgen, brauchen Sie Stallungen bzw. Weide oder Freifläche oder im Fall der Bienenhaltung eine Ausbildung zum Imker und entsprechendes Equipment.

A. HÜHNERHALTUNG

Hühner oder anderes eierlegendes Geflügel zu halten, erfreut sich immer größerer Beliebtheit in Deutschland. Die Vorstellung von Hühnern in Käfighaltung oder geschredderten Küken ist nahezu unerträglich für viele Menschen, daher wollen sie ihre eigenen Tiere halten, um mit gutem Gewissen Eier verzehren zu können. Bedenken Sie beim Hühnerkauf neben der artgerechten Haltung aber: Die Hähne werden ebenfalls nicht in der Anzahl verkauft, wie die Hennen, die ja auch Sie wegen der Legeleistung erwerben. Auch die Brüder Ihrer Hennen werden geschlachtet, im Idealfall zum Verzehr. Kaufen Sie jedoch eine Legerasse, blüht auch diesen Hähnen ein früher Tod. Zumindest können Sie aber bei der Haltung Ihrer Hennen andere Standards einhalten, als ein großer Betrieb.

Die Voraussetzungen für die Hühnerhaltung sind nicht allzu groß. Sie benötigen einen fuchs- und mardersicheren Stall, der morgens geöffnet und abends geschlossen wird. In diesem Stall benötigen Hühner mindestens eine Stange zum Schlafen. Dabei sollten Sie darauf achten, dass die Stange rund und nicht eckig ist, wie z.B. ein Kantholz. Bei mehreren Stangen sollten diese dieselbe Höhe haben, sonst entsteht Konkurrenz unter den Tieren und sie verletzen sich womöglich gegenseitig. Berechnen Sie pro Huhn mindestens 25cm Stange. Die Gruppe der Tiere sollte bei mindestens vier und maximal 20 liegen. Andernfalls fühlen sich die Tiere nicht sicher oder haben zu große Konkurrenz untereinander. Pro Tier müssen mindestens vier Quadratmeter Auslauf eingeplant werden, bei wenigen Tieren eher mehr. Außerdem mögen Hühner Nester. Dazu kann ein flacher Obstkarton oder eine Spanholzkiste aus dem Supermarkt dienen. Das hat den Vorteil, dass Sie die Nester von Zeit zu Zeit tauschen können. In jedem Nest sollte ein sogenanntes Lege-Ei liegen. Dieses zeigt den Tieren, wohin sie ihre Eier legen sollen. Die Anzahl der Nester muss nicht so groß sein, wie die Anzahl der Tiere, jedoch sollte schon ein ausgewogenes Verhältnis bestehen, damit die Tiere auch Platz finden, wenn sie ihr Ei legen wollen.

Der Freilaufbereich muss ausreichend gesichert bzw. die Hühner eventuell gestutzt sein. Ein hoher Zaun, womöglich mit Vogelschutznetz abgedeckt, reicht meistens aus. Bei einem flexiblen Steckzaun müssen die Hühner gestutzt werden, sonst flattern sie darüber hinweg. Das Stutzen der Flügelschwingen ist für die Hühner schmerzfrei, bedeutet aber einmalig ein wenig Stress. Dazu werden die Tiere eingefangen und einer der Flügel gespreizt. Zwei große Schwungfedern werden mit einem Nagelknipser oder einer Nagelschere gekürzt, jedoch nur bis zur Hälfte der Feder. Der Schaft muss unverletzt bleiben, da er durchblutet und innerviert ist. Nun hat das Huhn im Flug eine Unwucht und kann nicht mehr fliegen.

Außerdem baden Hühner gerne im Sand, um Federlinge und Milben loszuwerden. Ein Platz zum Sandbaden ist also gerne gesehen. Etwa zweimal pro Jahr müssen Sie Ihre Hühner wahrscheinlich trotzdem gegen Federlinge und Milben behandeln. Sie erkennen den Handlungsbedarf, wenn die Tiere sich auffällig oft kratzen oder die Eier nicht mehr in die vermilbten Nester legen wollen und sie stattdessen außerhalb im Freigehege verstecken. Die Milben setzen sich im Stall in jede Ritze und von dort aus in die Federn der Hühner. Das lässt sich leider nicht verhindern, aber im Sinne des Tierwohls müssen die Milben in Schach gehalten werden. Zum Glück gibt es ein natürliches Mittel, bei dem auch kein Gewöhnungseffekt oder gesundheitsschädlicher Rückstand bleibt. Im Handel können Sie reine Kieselgur und eine Zerstäuberpumpe erwerben. Damit pudern Sie den Innenraum des Stalls, alle verbleibenden Nester und Ritzen einmal aus. Die Kieselalgen-Skelette sind scharfkantig und zerstören zuverlässig die Haut der Milben. Auch am Sandbadeplatz kann man ein wenig Kieselgur ausbringen und die Hühner sich selbst behandeln lassen.

Gegen Schnupfen, der meist nach dem Kauf neuer Tiere und manchmal im Frühjahr auftritt, muss schärfer geschossen werden. Da Hühner nur durch die Nasenlöcher atmen können, brauchen sie bei einer Infektion Antibiotika. Für die Dauer der Behandlung mittels Pulver im Trinkwasser der Tiere, sollten die Eier nicht verzehrt werden.

Körnerfutter mit Muschelkalk ist ein Muss für Hühner. Sie benötigen den Kalk und die harten Körner für die Schalenproduktion und zum Abstoßen ihres Schnabels. Außerdem ist ein hängender Trinkwasserautomat praktisch, denn Hühner laufen mit ihren meist schmutzigen Füßen durch Näpfe einfach hindurch und verdrecken daher ihr Trinkwasser schnell. Achten Sie beim Futterkauf auf reines Körnerfutter mit Muschelkalk und ohne Antibiotika. Es ist erschreckend, in wie vielen Futtersorten direkt Antibiotika beigemischt sind. Vielleicht möchten Sie aber auch das Futter für Ihre Tiere im eigenen Garten herstellen. Dann reicht Weizen völlig aus. Daneben mögen Hühner alle Arten von Küchenabfällen und natürlich die Schalen ihrer eigenen Eier. Auch Fleisch und andere Eiweißquellen nutzen sie gern, wobei aus ethischen Gründen Hühnerfleisch nicht zur Fütterung verwendet werden sollte. So werden aus Ihren Küchenabfällen und Essensresten direkt schmackhafte Eier. Lassen Sie Salmonellen keine Chance: Auch die gekauften Eier aus dem Handel werden aus gutem Grund nicht gewaschen, sondern nur sauber gebürstet. Waschen Sie niemals die Eier Ihrer Hühner ab, auch wenn sie noch so schmutzig sind. Durch das Wasser wird die schützende Schicht auf der Eischale zerstört, die Keime daran hindern, ins Ei einzudringen und sich dort zu vermehren. Ist das Ei wirklich unappetitlich schmutzig, können Sie es unmittelbar vor der Nutzung kurz abwaschen. Achten Sie auch auf die nötige Handhygiene und waschen Sie nach dem Arbeiten im Hühnerstall oder Einsammeln der Eier gründlich mit Wasser und Seife die Hände.

Als Einstreu im Stall kann getrockneter oder frischer Grasschnitt verwendet werden. Diesen versehen die Hühner

in den folgenden Tagen mit wertvollem Hühnermist, der wiederum die Beete düngt. Das Säubern des Stalls wird ungefähr einmal pro Woche bis einmal alle vierzehn Tage nötig, je nach Größe des Stalls und der darin lebenden Hühnerschar. Im Winter kann man Hühner gut auf leeren Beeten laufen lassen. Sie finden nicht nur die Reste, sondern sie düngen mit ihrem Mist direkt das Beet, scharren alle aufkommenden Beikräuter weg und halten das Beet somit frei für die nächste Pflanzung.
Hühnerhalter müssen ihre Tiere bei den Gemeinden anmelden. Hierbei geht es um den Seuchenschutz. Informieren Sie sich also über die Bestimmungen, bevor Sie Tiere anschaffen.

B. ZIEGEN- UND SCHAFHALTUNG

„Das erste Tier nach dem Teufel ist die Ziege", sagt der Volksmund. Gemeint ist damit, dass Ziegen äußerst schlau sind, wenn es darum geht, sich aus einem umzäunten Gebiet zu befreien und dass sie neugierig sind, klettern und gern Dinge zerstören. Für die Ziegenhaltung braucht man also genug Fläche und einen sehr hohen Zaun, einen großen Stall und mindestens drei oder vier Tiere. Wer gerne die Milch der Ziegen erhalten will, muss die weiblichen Tiere jedes Jahr decken lassen. Ein Bock muss also ebenfalls gehalten werden. Es ergibt sich hier oft das Problem, dass die Jungtiere

anderweitig untergebracht bzw. irgendwann geschlachtet werden müssen, wenn es nicht immer mehr werden sollen. Ziegenhaltung ist also nicht unbedingt für Anfänger geeignet, die klein beginnen möchten.
Auch Schafe benötigen eine größere Gruppe, um sich wohlzufühlen. Sie sind ein sehr guter Rasenmäher, wenn beispielsweise eine Streuobstwiese nicht verstrauchen soll.
Für den Mineralienhaushalt muss bei Ziegen und Schafen ein Leckstein vorhanden sein. Einmal pro Jahr müssen die Klauen der Tiere kontrolliert und geschnitten werden. Dies kann man nach etwas Anleitung durch einen Hufschmied, Tierarzt oder Schafscherer auch selbst erledigt werden. Der Tierarzt muss einmal jährlich zur Kontrolle gerufen werden, es müssen eventuell auch Impfungen durchgeführt werden. Schafscherer ist nicht umsonst ein eigener Beruf, denn die Decke muss in einem Stück geschnitten werden. Dies ist also in jedem Fall ein Kostenpunkt pro Jahr. Ob sich der Aufwand für die Haltung und in finanzieller Hinsicht für einen Selbstversorger hier lohnt, muss jeder selbst entscheiden. Anbieter von Lamawanderungen verschenken die Felle meist, weil diese durch ihre Vielfarbigkeit für den kommerziellen Handel nicht geeignet sind. Vielleicht lohnt sich also eher eine Anfrage per Telefon bei einem solchen Anbieter.

C. BIENEN HALTEN

In den letzten Jahren hat die Zahl der bestäubenden Insekten dramatisch abgenommen. Ein Großteil unserer Feldfrüchte und Obstsorten sind auf Bestäuber angewiesen, die die konventionelle Landwirtschaft systematisch vergiftet hat. Diese Entwicklung ist mittlerweile so weit fortgeschritten, dass Stadtbienen weniger Pestizidbelastung haben als Landbienen und dass sie sogar teilweise höhere Erträge beim Honig einfahren. Klar ausgedrückt: Bienen, die in landwirtschaftlich geprägten Räumen sammeln, finden weniger nektarreiche Blütenpflanzen als Bienen in der Stadt. Dies ist alarmierend und jeder Garten- oder auch Balkonbesitzer sollte für Insekten zumindest kleine Räume und Angebote schaffen. Dazu zählen Insektenhotels, die entweder selbst aus alten Ziegelsteinen, unbehandelten Kanthölzern oder Baumscheiben, Stroh oder Zapfen gestaltet werden können, oder die man fertig hergestellt kaufen kann. Weitere Hilfen können Schmetterlingskästen oder Marienkäfer-Häuser sein. Außerdem hilft es Insekten enorm, wenn heimische Pflanzen auf dem Balkon und im Garten gepflanzt werden, statt exotischer Ziergehölze und -blumen. Dort können sie Nahrung finden, denn selbst wenn ein exotischer Strauch oder eine Blume aus Fernost Nektar produziert, erkennen Bienen, Hummeln und Schmetterlinge dies nicht. Sie sind in der Lage, UV-Markierungen auf den Blüten zu erkennen. Daran orientieren sie sich bei der Auswahl der Blüten. Ist die

Blüte und eventuell die Markierung aber für sie unbekannt, wird sie nicht als Nektarlieferant erkannt und sozusagen verschmäht.

Wilden Bienen und anderen Nützlingen ein Zuhause zu bieten ist also ganz einfach und absolut notwendig, gerade, wenn Sie eine gute Bestäubungsleistung für Ihre Nutzpflanzen haben möchten. Wenn Sie als Selbstversorger über die pflanzliche Grundversorgung gerne eigenen Honig haben möchten, dann spielen Sie vielleicht mit dem Gedanken, sich ein Bienenvolk anzuschaffen. Hier bleiben aber zunächst eine Menge Fragen im Raum, wenn Sie noch gar keine Erfahrung mit Bienen haben.

Wie viel Arbeitsaufwand bedeutet ein Bienenvolk? Wie teuer ist die Ausstattung, die man benötigt? Wie viele Völker benötigt man, um genügend Honig für einen Haushalt zu erwirtschaften? Welches Wissen muss ein Imker haben und welche Arbeiten fallen über das Jahr gesehen an?

Zugegeben, diese Fragen zu beantworten, ist nicht immer sofort und ohne weiteres machbar. Am besten ist es, Sie wenden sich direkt an den örtlichen Imkerverein. Die aktiven Mitglieder werden sich sehr über Zuwachs freuen, denn es gibt immer weniger Menschen, die gerne Imker werden möchten. Die Mitglieder der Vereine werden also immer älter und der Nachwuchs fehlt. Dabei wollen fast alle Menschen lieber den Deutschen Imkerhonig kaufen, statt irgendein Gebräu aus dem Ausland. Außerdem müssen Sie aus rechtlichen Gründen ohnehin Ihre Bienen bei der Gemeinde anmelden und einem

Verein beitreten. Damit sind Sie auch bei Problemen durch den Verein geschützt, denn Sie benötigen eine Versicherung, falls jemand durch Ihre Bienen zu Schaden kommen sollte. Der Bienenzuchtverein oder Imkerverein vertritt die Belange der Imker in der Öffentlichkeit. Die Vereine sind über den Imkerverband versichert, wobei Haftpflicht, Brand- und Blitzschlagversicherung, Diebstahl- oder auch Transportschädenversicherung sowie eine Rechtsschutzversicherung für Mitglieder inbegriffen sind. Sie müssen dann pro Volk und Mitglied einen Beitrag zur Versicherung zahlen. Als Vereinsmitglied dürfen Sie Ihren Honig unter gewissen Auflagen auch mit dem Logo des Imkerbundes als Echten Deutschen Imkerhonig vermarkten.
Man wird Ihnen dort auch gerne aushelfen mit diversen Geräten, die leihweise herausgegeben werden, beispielsweise einer Honigschleuder, einem Mittelwandgießer oder einer Wachsschmelze, sodass Sie nicht selbst alles kaufen und lagern müssen. Oft bekommen Sie auch eine Grundausstattung gebraucht zu kaufen und können so Einiges an Geld sparen. Trotzdem werden Sie wahrscheinlich mit einem Betrag um die 1000€ für Schutzkleidung, die Beute und diverse Geräte rechnen müssen. Der Vorteil vor einer im Internet gekauften gebrauchten Ausrüstung ist der, dass Sie hier eine Beratung durch jemanden bekommen, der sich bereits auskennt. So vermeiden Sie einen teuren Fehlkauf. Der Imkerverband veranstaltet zusätzlich regelmäßige Schulungen, durch die Sie Ihr Wissen ausbauen können.

Für die Haltung eines oder mehrerer Bienenvölker benötigen Sie noch nicht einmal zwingend einen Garten. Selbst auf Balkonen oder auf Garagendächern kann man eine Beute aufstellen. Die Bienen sollten aber an ihrem Standort keinen Störungen durch wild herumlaufende Menschen oder Tiere ausgesetzt sein, denn dies versetzt den ganzen Stock in Aufregung und die Bienen können in der Nähe ihrer Beute dann aggressiv reagieren. Eine etwas geschützte, ruhige Stelle ist also besser für den Standort der Beute geeignet. Ist genügend Futter in der Umgebung vorhanden, was der Imker natürlich kontrollieren muss, dann ist es auch nicht notwendig, die Beute nach der Frühtracht für die späteren Trachten umzustellen.

Bienen sind hochorganisierte, staatenbildende Insekten. Sie sind auf gute Futterquellen im Umkreis und gewisse Haltungsbedingungen angewiesen. Die Tier zu betreuen erfordert viel Fachwissen. Dieses bekommen Sie durch eine Imkerschulung im Verein. Hier werden Sie im ersten Jahr intensiv durch einen Patenimker betreut. Statt sich also mühsam alle wichtigen Informationen zusammenzuklauben, können Sie einem erfahrenen Imker alle Fragen zum imkerlichen Jahresablauf stellen, ihm über die Schulter schauen und sich helfen und beraten lassen.

Die Honigbiene ist äußerst präzise getaktet, worauf sich der Imker einstellen muss. Seine Aufgabe ist es, die Entwicklung der Bienen genau zu beobachten und immer wieder zu kontrollieren, bei welcher Entwicklung das Volk gerade ist.

Dann muss er die entsprechenden Maßnahmen ergreifen und seine Arbeiten durchführen. Man kann im Schnitt pro Bienenvolk einen Arbeitsaufwand von etwa dreißig Stunden im Jahr rechnen. Ein Großteil dieser Arbeit ist das Schleudern und Abfüllen des Honigs, aber auch Arbeiten am Stock, wie das Umbauen der Beute zu bestimmten Zeiten im Jahr, um den Bienen ihre Entwicklung in der Beute zu ermöglichen.
Das Bienenjahr startet im Sommer, wenn die Anzahl der Bienen im Volk abnimmt. Dies geschieht, weil die Bienen sich auf den bevorstehenden Winter vorbereiten. Sie betreiben dann keine Brutpflege mehr und werden stattdessen zu langlebigen Winterbienen. Die männlichen Drohnen werden aus dem Stock vertrieben und die Winterbienen legen sich ein Fett- und Eiweißdepot im Hinterleib an. Der Stock wird umgebaut, damit die Bienen im Winter gut versorgt sind.
Etwa im Oktober gehen die Bienen dann in die Winterruhe. Sie bilden eine sogenannte Bienentraube, in der es immer ungefähr 25°C warm bleibt. Sie ernähren sich in dieser Zeit von den eingelagerten Reserven und entwickeln aus den körpereigenen Reserven die erste Brut für das Frühjahr, sobald die Außentemperaturen etwa 10°C erreicht haben. Wann genau die Bienen erwachen hängt von den klimatischen Bedingungen und von der Entwicklung des jeweiligen Volkes ab. Hierbei spielt es z.B. eine große Rolle, wie gut das Volk durch den Winter gekommen ist, ob sie im vergangenen Jahr genug Nahrung gesammelt und ob der Imker ihnen

womöglich zu viel weggenommen und dann nicht genügend zugefüttert hat.
Sobald es warm genug ist, beginnen die Reinigungs- und Wasserflüge der Bienen. Sobald die ersten Blühpflanzen Pollen produzieren, fangen die Bienen den Brutbetrieb an. Die Winterbienen werden durch Sommerbienen ersetzt. Der Imker muss nun genügend Mittelwände für die beginnende Bautätigkeit zur Verfügung stellen. Ab dem Zeitpunkt der ersten Tracht, also dann wenn die Bienen eine ertragreiche Nektarquelle gefunden haben, werden auch Drohnen gezüchtet und erste Vorräte an Honig angelegt. Jetzt wird die Anzahl der Tiere pro Volk sehr groß. Hier muss der Imker Sorge dafür tragen, dass das Volk genügend Platz hat oder das Volk vielleicht geteilt wird. Andernfalls werden Weiselzellen angelegt, in denen neue Königinnen gezogen werden. Sie schwärmen irgendwann mit einem Teil des Volkes aus, um einen neuen Staat zu bilden.
Das Schwärmen ist mit einem gewissen Risiko verbunden, denn Bienen können dann auch aggressiv sein. Der Imker trägt die Verantwortung für schwärmende Bienen aus seinen Völkern. Daher wird das Schwärmen teilweise durch bestimmte Maßnahmen verhindert. Viele Imker produzieren aus einer gezielt gezüchteten Jungkönigin und einem Teil eines zu groß gewordenen Volkes einen Kunstschwarm, indem sie beides zusammenführen. Durch dieses Verfahren wurden fast alle der heute verkauften Bienenvölker auf das Kriterium der Sanftmut hin gezüchtet, damit der Imker ein gut händelbares Volk hat.

Im Sommer sind die Bienen mit der Honigproduktion, Nektarsammeln und der Brutpflege beschäftigt, bis die Tage kürzer und die Nächte kühler werden. Dann beginnt ein neues Bienenjahr. Der Erfolg des Volkes hängt entscheidend mit der zeitlich genau auf die Bienen abgestimmten Arbeit des Imkers zusammen. Auch bei den Krankheiten, die die Honigbiene heimsuchen können, muss der Imker handeln. Besonders die Varroa-Milbe macht den Bienen schwer zu schaffen, denn sie setzt sich direkt an die Larven und tötet viele der Tiere dadurch, bevor sie zu adulten Bienen werden können. Ein so geschwächtes Volk schafft dann den nächsten Winter nicht. Der Imker kann durch die Behandlung der Beute mit Ameisensäure den Milbenbefall stark reduzieren. Dabei werden die Bienen nicht in Mitleidenschaft gezogen und die Ameisensäure baut sich rückstandsfrei wieder ab, sodass keine messbaren Verunreinigungen im Honig zu finden sind. Ameisensäure zur Bekämpfung der Varroa-Milbe ist sogar bei Bio-zertifiziertem Honig zugelassen. Die Behandlung ist meist im Juli und dann noch einmal im Dezember nötig. Auch andere Krankheiten, wie die Sauerbrut, die durch Ausschwefeln der Beute bekämpft werden, muss der Imker kennen.

Es lässt sich zur Bienenhaltung also zusammenfassend sagen, dass der Arbeitsaufwand in Stunden über das Jahr gesehen gar nicht so hoch ist. Jedoch ist ein enormes Fachwissen nötig, um Bienen durch das Jahr zu führen und erfolgreich Honig zu produzieren. Pro Volk kommen bei guter Führung der Bienen je nach Witterung mehr oder weniger zehn Kilogramm Honig zusammen. Hierbei sprechen wir aber von einer mittleren Volkgröße, die auch eher der natürlichen Anzahl an Bienen im Volk entspricht. Völker von 30000 bis 50000 Tieren sind für einen Hobbyimker kaum zu händeln. Sie müssen in professionellen Imkereien gehalten werden. Schwärmen die Bienen, wobei ja ein Teil des Volkes dem Muttervolk verloren geht und der Schwarm ein ganz neues Volk erst aufbauen muss, ist der Ertrag geringer. In guten Jahren können bei einem starken Volk auch bis zu zwanzig Kilogramm Honig zusammenkommen.

Wenn Sie Bienen halten, können Sie als Selbstversorger einen großen Teil Ihres Zuckerkonsums durch Honig ersetzen. Dies ist wegen der vielen gesunden Bestandteile im Honig nicht nur aus ernährungsphysiologischer Sicht empfehlenswert, sondern auch, weil Sie keinen industriell hergestellten, womöglich weitgereisten Zucker mehr kaufen müssen. Sie sparen Geld, Verpackung und CO2. Außerdem schützen und unterstützen Sie eine bedrohte Tierart, die für unser Ökosystem und für die Bestäubung lebenswichtiger Nutzpflanzen eine wesentliche Schlüsselrolle einnimmt. Ihre Überschüsse können Sie zudem versilbern, wenn Sie möchten. So können Sie zumindest einen Teil der Ausgaben für die Mitgliedschaft im Bienenzuchtverein wieder hereinholen.

D. WILDTIERE UNTERSTÜTZEN

Auch wenn Sie aktiv keine Haus- und Nutztiere halten möchten, sollten Sie als Selbstversorger immer bedenken, dass ein Ökosystem nicht nur aus Pflanzen besteht. Es ist nicht nur sinnvoll, sondern notwendig, dass auch Tiere ihren Platz im Beziehungsnetz einnehmen können. Dafür können Sie vielfältig Raum schaffen. Hängen Sie Nistkästen für verschiedene Vogelarten auf, vielleicht auch einen Fledermauskasten. So reduziert sich ohne großen Aufwand die Belastung durch kleine „Mitesser" auf Ihrem Gemüse. Nistkästen müssen im Dezember kontrolliert und gesäubert werden. Ein bereits verwendeter Nistkasten wird im Folgejahr von Singvögeln nicht mehr genutzt. Stattdessen mieten sich höchstens Siebenschläfer ein, die die Vorarbeit durch die Vögel gerne ausnutzen. Da die Männchen der meisten Singvögel schon im Januar oder Februar nach einem brauchbaren Brutplatz Ausschau halten und diesen für das Weibchen vorbereiten, müssen die Nisthilfen dann schon sauber sein. Sind Sie mit der Reinigung zu spät, bleibt der Kasten im Sommer womöglich leer. Stören Sie aber keinesfalls im Sommer oder Herbst, denn dann wird der Kasten für eine zweite Brut und zum Schlafen genutzt. Die zweite Brut bzw. das Nest dafür wird auf das erste gesetzt, weshalb auch das Ausfliegen der Jungvögel kein Zeichen dafür ist, dass der Kasten jetzt wieder leer ist.

Unterstützen Sie durch Florfliegen- und Ohrenkneifer-Häuser

die Nützlinge. Diese Tierchen können Sie z.B. in die Obstbäume locken, indem Sie dort mit Stroh gefüllte Tontöpfe kopfüber aufhängen. Nehmen Sie dazu einfach ein Büschel Stroh, das Sie in der Mitte mit Bast umwickeln und fädeln Sie das Ende des Bastes durch das Loch am Boden des Tontopfes. Die Nützlinge verwenden diese Häuser zum Schlafen, für die Eiablage, Überwinterung und um sich vor der Witterung zu schützen.
Überhaupt sollten Sie bei der Gestaltung von Garten und Balkon auf eine gewisse Kleinräumigkeit achten. Damit ist gemeint, dass Sie nicht alle kleinen Ecken, Spalten, Risse, unaufgeräumten Bereiche sofort räumen oder versiegeln. Genau diese Winkel benötigen mehr Tierarten, als man so denkt. Ein aufgeräumter Garten ist lebensfeindlich und damit allerhöchstens für einen ordnungsliebenden Menschen als „schön“ zu bezeichnen.

E. HERSTELLUNG VON TIERPRODUKTEN

Über die Herstellung von Eiern, Milch, Wolle und Honig wurde bereits in den Kapiteln über die Haltung der jeweiligen Tiere gesprochen. Hier ist der Selbstversorger je nach Tierart auf mehr oder weniger Hilfe von außen angewiesen. Der Aufwand für die Produktion dieser tierischen Nebenerzeugnisse ist aber überschaubar und der Selbstversorger kann problemlos in die Thematiken hineinwachsen.

Wenn Sie jedoch auch Fleisch aus der Selbstversorgung nutzen möchten, kommen Sie nicht darum herum zu schlachten oder schlachten zu lassen. Da Schlachtung strengen Auflagen unterliegt, tun dies immer weniger kleine Betriebe. Die Entwicklung geht hin zu immer größeren Schlachthöfen, bei denen kleine Erzeugerbetriebe nur noch die Tiere anliefern und die geschlachteten Tiere abholen. Die Verarbeitung kann dann wieder in der Metzgerei des Betriebes stattfinden. Entsprechend schwierig könnte es also werden, eine kleine lokale Schlachterei zu finden, die fünf Hühner oder eine Ziege für Sie schlachten. Die Ablehnung des Schlachtens fremder Tiere hat auch hygienische Gründe, denn wenn Sie nur für den Eigenbedarf schlachten lassen, kann sich der Schlachter nicht sicher sein, ob das Tier womöglich Keime mit in seine Schlachterei bringt. Tiere von einem kontrollierten Betrieb sind dahingehend sicherer für die Schlachterei.

Selbst zu schlachten, vor allem eigene Tiere, ist eine Hürde, die nicht jeder Halter nehmen möchte. Natürlich fühlt es sich als Fleischkonsument besser an, ein eigenes Tier zu essen, bei dem man mit Gewissheit sagen kann, dass es ein gutes Leben unter tierwürdigen Bedingungen hatte. Meist ist die Angst aber groß, als unerfahrener Schlachter dem Tier am Ende seines Lebens unnötiges Leid zuzufügen. Gesetzliche Bestimmungen spielen da zunächst eine untergeordnete Rolle. Diese besagen z.B. dass ein Tier zunächst betäubt werden muss, bevor der Kopf abgetrennt werden darf. Dazu wird beispielsweise bei einem Huhn ein Schlag auf den Kopf mit einem Holzstock oder der

Rückseite des Beils ausgeführt. Hierbei muss die Kraft dosiert werden, damit das Tier wirklich betäubt ist und nicht ein weiteres Mal geschlagen werden muss. Ist der Schlag zu fest, kann das Tier sofort tot sein. Dies macht das anschließende Ausbluten schwierig. Erleidet das Tier außerdem während des Schlachtens Stress, kann es zu Einblutungen im Gewebe kommen. In beiden Fällen ist das Fleisch dann unbrauchbar. Wer auch nur eine Spur der Empathie und Menschlichkeit hat, wird seinen Fleischkonsum bewusst hinterfragen und sicherstellen wollen, dass ein Tier nicht unnötig sterben oder leiden muss oder durch menschliches Unvermögen das Fleisch dann nicht konsumiert werden kann.

Bei Hühnern muss nach der Schlachtung das Federkleid entfernt werden. Dazu werden die Tiere gebrüht, sodass sich beim anschließenden Rupfen die Federn inklusive Kiel entfernen lassen. Danach kann das Tier zeitnah ausgenommen werden, wobei der Darm nicht verletzt werden sollte, damit alles sauber bleibt.

Federvieh zu schlachten ist zwar aufwändig, aber noch im privaten Rahmen möglich, wenn Sie sich vielleicht zu Anfang jemanden zur Hilfe holen, der sich damit schon auskennt. Größere Tiere wie Schweine, Schafe oder Ziegen sollten Sie lieber von einem Schlachter schlachten und sich eventuell küchenfertig aushändigen lassen.

Ökologisch sinnvoll ist die Selbstversorgung mit Fleisch nur dann, wenn Sie Ihren Fleischkonsum einschränken. Intensive Tierhaltung ist nicht nur für die Tiere problematisch, sondern auch für die Umwelt, da die Ausscheidungen der Tiere vom Boden nicht in entsprechendem Ausmaß aufgenommen und wieder in den Kreislauf zurückgeführt werden können. Nur wenn Sie also ausreichend Fläche haben, um auch die Ausscheidungen der Tiere wieder ins System einspeisen zu können, sollten Sie Tiere halten. Dies entspricht auch den Demeter-Standards, die ein besonderes Augenmerk auf funktionierende Kreisläufe und damit auf der Einhaltung der Tragfähigkeit des Ökosystems haben.

Wenn Sie selbst schlachten wollen, müssen Sie bestimmte Gesetze einhalten: Zum einen müssen Sie das Tierschutzgesetz einhalten, das z.B. besagt, dass warmblütige Tiere vor dem Schlachtvorgang betäubt werden müssen. Bei manchen Tierarten und in manchen Bundesländern brauchen Sie eine Sachkundeerlaubnis und Sie müssen das geschlachtete Tier vom Veterinär untersuchen lassen. Bei der Hausschlachtung dürfen Sie außerdem nur für den Eigenverzehr schlachten und dürfen das Fleisch nicht weitergeben – übrigens auch dann nicht, wenn Sie es verschenken.

Hühner und Kaninchen werden in einigen Bundesländern von den Bestimmungen zur Hausschlachtung ausgenommen. Höchstwahrscheinlich werden Sie aber dennoch bei der ersten Schlachtung jemanden zur Hilfe holen, der schon Erfahrung hat, denn auch ein Huhn oder Kaninchen soll nicht leiden müssen. Generell unterscheiden sich die Gesetze von Bundesland zu Bundesland und Sie sollten sich vorher kundig machen.

8. Nahrungsmittel haltbar machen

Die beste Ernte nützt nur dann, wenn Sie es schaffen, neben dem Frischverbrauch der Gemüse- und Obstsorten auch die Überschüsse haltbar zu machen. Das ist nicht nur aus finanzieller Hinsicht sinnvoll. Die Ernährung der westlichen Gesellschaft hat in den letzten Jahrzehnten deutlich an Qualität eingebüßt, denn es werden in großen Mengen Fertigprodukte, gezuckerte Getränke, fertige Desserts und To-Go-Mahlzeiten konsumiert. Diese enthalten neben zu viel Fett oder Zucker auch viel zu wenige Vitamine, Mineralstoffe und Spurenelemente. Es sind sozusagen leere Kalorien, die der Körper durch Fertigprodukte und Fast Food zugeführt bekommt. Diese Produkte sättigen nicht lange, sie führen zu einem schnellen Anstieg des Blutzuckerspiegels und daraufhin zu einer schnellen Reaktion des Körpers mit einer hohen Dosis Insulin. Darauf folgt eine Heißhunger-Attacke und es wird wieder bevorzugt Ungesundes konsumiert. Dies führt zu Übergewicht, erhöht das Risiko für Diabetes und Arterienverkalkung. Die moderne Mangelernährung ist

keine Unterversorgung mit Kalorien, sondern eine Unterversorgung mit Vitaminen.
Gerade für jemanden, der Interesse an der Selbstversorgung hat, ist das Haltbarmachen der selbst hergestellten Lebensmittel eine Genugtuung und Freude. Bei vielen Früchten des Gartens muss gar nicht viel getan werden, um haltbare, lange verwertbare Nahrungsmittel zu erhalten.
Lebensmittel werden durch sechs Prinzipien haltbar: Erstens durch den Entzug von Wasser durch Dörren. Zweitens durch das Einlegen in Salz- oder Essiglake. Außerdem können Lebensmittel eingefroren werden, um das Verderben zu verhindern oder sie können abgekocht, steril und luftdicht verpackt werden. Wenn einzellige Lebewesen die Lebensmittel verändern und sie so haltbar und bekömmlicher machen, spricht man von Fermentation. Eine letzte Variante der Haltbarmachung ist das Räuchern über offenem Feuer. Bei allen diesen Methoden wird den Bakterien und Schimmelpilzen, die für das Verderben der Lebensmittel verantwortlich sind, die Lebensgrundlage zerstört, sodass sie nicht mehr dort existieren können.

A. DÖRREN

Sowohl Obst, als auch Gemüse kann gedörrt werden. Die einzige Voraussetzung, die Sie dafür schaffen müssen ist, dass die Verdunstung des im Obst oder Gemüse enthaltenen Wassers gut funktionieren kann. Dazu können z.B. Äpfel in dünne Scheiben geschnitten und aufgehängt werden. Kirschen oder Pflaumen werden entsteint und vielleicht im Backofen oder in einem speziellen Dörrapparat vorgetrocknet. Dann können sie an der Luft, vielleicht abgedeckt mit einem Tuch, durchtrocknen. Diese Trockenfrüchte sind ein idealer Snack. Sie können Schokolade oder andere verpackt gekaufte Süßigkeiten auf gesunde und günstige Weise ersetzen. Getrocknetes Obst kann auch zum Backen verwendet werden.

Gemüse kann mit einem Mixer kleingemixt werden und dann auf einem Backblech ausgebreitet in der Abwärme des Backofens nach der Benutzung trocknen. Die restliche Zeit trocknet das Gemüse an der Luft, nur abgedeckt mit einem dünnen Tuch. Stellen Sie die Gemüsesorten ruhig nach Lust und Laune zusammen und wenn Sie möchten, mischen Sie etwas Salz dazu. Ist das Gemüse komplett durchgetrocknet, kann es in Schraubgläsern verwahrt werden und ist die beste körnige Brühe, die Sie jemals als Würzmittel oder Suppengrundlage gekostet haben.

B. EINKOCHEN

Die meisten Menschen beschäftigen sich zuerst mit dem Einkochen von Lebensmitteln. Gegenüber anderen Formen der Haltbarmachung hat Einkochen den Vorteil, dass nur einmalig kurz Energie dafür aufgewendet werden muss. Sauber

zu arbeiten ist aber absolut notwendig, denn andernfalls verderben die Lebensmittel in den Gläsern.
Statt neue Gläser oder Flaschen zu kaufen, können auch bereits vorhandene Gläser von gekauftem Obst und Gemüse genutzt werden, solange die Deckel noch schließen. Man sollte aber zuvor prüfen, ob in einem Glas eine Sauer- oder Süßkonserve war. Dies kann man leicht an der Innenseite der Deckel riechen. In einem Glas, das einmal Essiggurken beherbergt hat, sollte lieber keine Marmelade eingekocht werden, denn sie wird sonst ein unverkennbares Essiggurken-Aroma verströmen.
Wer keinen Gelierzucker kaufen möchte, kann auch einige unreife Äpfel mit unter die Früchte pürieren, aus denen er die Marmelade kocht. Das darin enthaltene Pektin geliert die Marmelade ausreichend und Sie sparen sich die Gelatine.
Eine kleine Obstpresse kann für Besitzer eines Apfelbaumes sehr hilfreich sein. Der frisch gepresste Apfelsaft wird filtriert, aufgekocht und dann noch heiß in dicht schließende Flaschen abgefüllt. Wer lieber mit dem Entsafter arbeitet, kann die Äpfel auch in Stücke schneiden und in diesem Gerät weichkochen, bis der Saft austritt. Der Entsafter besitzt am unteren Rand einen Schlauch, durch den der Saft abgenommen werden kann. Man kann direkt die vorbereiteten, sterilisierten Saftflaschen darunter halten und sie dann luftdicht verschließen.
Aus fast allen Obst- und Gemüsesorten lässt sich mit dem Entsafter ein Saft herstellen. Die Maische können entweder die Hühner bekommen, oder sie wandert auf den Kompost.

C. EINLEGEN UND FERMENTIEREN

Gerade das Fermentieren hat in den letzten Jahren einen Boom erlebt. Die Verfechter dieser Methode schwören auf das ganz exquisite Aroma solcherart verarbeiteter Lebensmittel und sie erwähnen gern, dass fermentierte Lebensmittel für den Menschen wesentlich gesünder und bekömmlicher seien als so manche Rohkost. Dennoch ist die Fermentation oder Gärung mit Risiken verbunden, denn es kann auch zu Fehlgärungen kommen, bei denen nicht die gewünschten Bakterien die Oberhand gewinnen. Insofern müssen Sie sich mit der Thematik der Fermentation gesondert beschäftigen, um die Tücken und Chancen zu erkennen und sichere Lebensmittel zu erhalten.

Einfacher ist das Einlegen von z.B. Gurken in Essig. Es muss bei dieser Methode noch nicht einmal lange abgekocht werden, denn der Essig mit seinem sehr niedrigen pH-Wert schafft für Bakterien ein absolut tödliches Klima. Auch kleine Zwiebeln, Maiskolben oder anderes Gemüse lassen sich in Essig einlegen. Das Einlegen von Gurken in Salzlake ist wiederum etwas schwieriger, da hier ein loser Deckel aufgelegt und regelmäßig die Fermentation kontrolliert werden muss.

D. EINFRIEREN

Die Methode des Einfrierens hat ihre Vorteile vor allem in der Schonung vorhandener Vitamine. Direkt nach der Ernte eingefrorener Spinat enthält mehr Vitamine als frischer Spinat vom Wochenmarkt, denn die Blätter verlieren dieses instabile Vitamin geradezu rasant nach der Ernte. Einige Gemüsesorten können aber nicht eingefroren werden, denn sie verlieren beim Auftauen derart an Konsistenz, dass sie sehr unappetitlich werden. Hierzu gehören Möhren, Paprika und Zucchini. Sehr gut lassen sich hingegen Wirsing oder Kohlrabi einfrieren. Dazu können diese Kohlsorten geschnitten und blanchiert werden. Zusammen mit ein wenig Kochwasser können sie dann portionsweise in den Gefrierschrank wandern und sind dann bei Bedarf schnell zubereitet.
Ein Nachteil an dieser Methode ist, dass man unglaublich viel Platz für einen großen Gefrierschrank benötigt und zudem anders als bei der Lagerung von Weck-Gläsern ständig Strom verbraucht wird für den Betrieb des Gerätes.

E. RÄUCHERN

Durch Räuchern werden vorwiegend Fleisch und Fisch haltbar gemacht. Der Rauch des Feuers legt sich um die Fleischfasern, das Wasser wird während des Räuchervorgangs aus dem Gewebe entfernt. Diese Methode eignet sich eher

für fortgeschrittene Selbstversorger, die womöglich Angeln oder selbst schlachten. Andernfalls macht es keinen Sinn, sich Ausrüstung anzuschaffen und sich die Arbeit zu machen, wo man doch das Fleisch ohnehin kaufen muss.
Die Dauer des Räuchervorgangs und die Holzart, auch die Vorbehandlung des Fleisches mit Kräutern oder Salz bestimmen den späteren Geschmack der Lebensmittel.

F. ANDERE TECHNIKEN DER LEBENSMITTELVERARBEITUNG

Viele Menschen möchten gerne wieder ein handwerklich gut gemachtes Brot ohne Zusätze essen. Leider ist die Herstellung und Führung eines Sauerteigs gar nicht so einfach und die Behandlung des Teigs vom Ruhen bis zum Kneten und Gehen lassen verlangt viel Fachwissen. Versuchen Sie Ihr Glück, vielleicht haben Sie gar keine Schwierigkeiten mit dem Backen eines leckeren Brotes. Rezeptbücher gibt es in großer Anzahl und auch das Internet ist voll von Brotrezepten. Brot backen hat etwas Magisches, denn nicht jeder Mensch kann das auf Anhieb und bei jedem ist die Vorgehensweise ein wenig anders. Diese Pluralität ist gar nichts Schlechtes, jedoch könnte es natürlich sein, dass Sie eine Weile brauchen, um Ihre eigene Vorgehensweise zu entwickeln, bis Ihr Brot gelingt. Kaufen Sie aber ohnehin das Mehl, wird sich das Brotbacken finanziell nicht lohnen, selbst wenn Sie ein gutes Bio-Brot kaufen.

Die meisten Fertigprodukte lassen sich aus einfachen Grundnahrungsmitteln ebenfalls selbst herstellen. Puddingpulver besteht zu einem Großteil aus Stärke. Der Rest ist abhängig von der Geschmacksrichtung. Bei Vanillepudding kommen im schlechtesten Fall einige Vanille-Aromen und Farbstoffe hinzu. Stattdessen können Sie den Pudding auch aus Milch, Zucker oder einem anderen Süßungsmittel, Stärke und Vanillemark selbst kochen. Für die Farbe kann zum Schluss ein Eigelb hinzugegeben werden. Ähnlich verhält es sich mit fast allen gekauften Gewürzmischungen, Kräutersalzen, Brühen, Fertigsuppen, Soßengrundlagen und anderen sinnlosen, angeblichen Zeitsparern in der Küche. Schaut man auf die Zutatenliste, sieht man viel Chemie und wenig echten Inhalt, der noch dazu leicht aus dem eigenen Garten bezogen werden könnte.

Ein Allrounder ist das Tomatenmark. Es lässt sich leicht aus frischen Tomaten einkochen. Für eine Soßengrundlage können auch Zwiebeln und Knoblauch angebraten werden, dazu gibt man die geviertelten Tomaten. Ist das Wasser genügend verkocht, kann das Sugo entweder durch eine Passiermühle gedreht oder mit einem Mixer die groben Teile püriert werden. In Schraubgläser abgefüllt hält sich das Sugo lange und ist universell einsetzbar.

G. TIPPS FÜR DAS KOCHEN AUS DEM SELBSTVERSORGER-GARTEN

Wenn Sie möglichst viel frisch aus dem eigenen Garten kochen möchten, kommen Sie um saisonale Küche gar nicht herum. Das ist ohnehin besser für die Gesundheit, aber auch für das Klima, denn für Ihre Gerichte müssen weder weite Wege durch die halbe Welt, noch viel Energie für Kühlung oder Heizung aufgewendet werden. Schauen Sie also einfach, welche Gemüsesorten gerade in Hülle und Fülle vorhanden sind und machen Sie dies zu Ihrer Hauptzutat für die Mahlzeit. Gefüllte Zucchini oder Tomaten, Möhrengemüse mit Kartoffelstampf oder Kartoffel-Lauch-Puffer mit Apfelmus schmecken aus dem eigenen Garten nochmal so gut. Versuchen Sie einfache Gerichte zu finden, bei denen Sie keine exotischen Gewürze oder besonders viele weitere Zutaten brauchen, die Sie erst einkaufen müssten und danach nie wieder verwenden werden. Die meisten Familien nutzen nur etwa zwanzig Gerichte standardmäßig. Meist setzen sie sich aus altbewährten Gemüsesorten zusammen und werden wenig variiert.

Natürlich ist es spannend, einmal Marmelade mit Senf zu machen und dann erstaunt festzustellen, dass dies wirklich ganz gut und interessant schmeckt. Letztlich werden Sie aber doch lieber die Marmeladensorten auf dem Frühstücksbrot haben wollen, die Sie schon von früher kennen und lieben. Experimente und besondere Produkte sollten also eher in kleinerem Umfang durchgeführt werden.

Spätestens nach ein paar Jahren mit Ihrem Selbstversorger-Garten werden Sie aber einige Favoriten aus allen Gemüse- und Obstsorten herausgefunden haben. Legen Sie sich am besten eine Sammlung mit den besten Rezepten an, auf die Sie dann zurückgreifen können, wenn wieder eine ganze Schüssel Pflaumen, Tomaten, Gurken oder Zucchini aus dem Garten kommt.

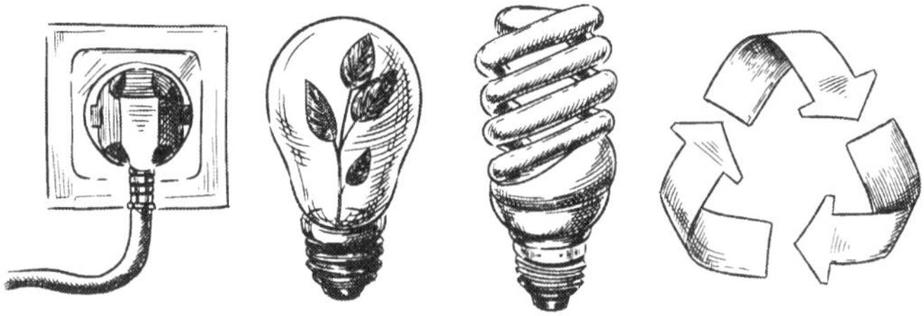

9. Energien und Wasser

Die Autarkie von externer Strom- und Wasserversorgung kann sowohl auf Ebene der Gemeinde, z.B. durch die Schaffung eines eigenen Windenergieparks, als auch ganz privat durch eine Solaranlage auf dem Eigenheim oder eine Zisterne mit Wasseraufbereitung geschaffen werden. Mittlerweile gibt es einige Anbieter z.B. in Deutschland und in Österreich, die voll-autarke Wohnkonzepte anbieten. Dies sind Wohnwaggons oder Minihäuser mit integrierter Wasseraufbereitungsanlage und Solarpanels auf dem Dach. Die Konzepte bedienen einen modernen Traum der westlichen Gesellschaft, denn wir sind so stark miteinander vernetzt und in die Gesetzgebung, die Regeln und Normen unseres jeweiligen Landes eingebunden, dass so mancher sich wünscht, dieser Umklammerung der Fremdbestimmung zu entfliehen. Einen so wichtigen und elementaren Bestandteil seines täglichen Lebens in die eigenen Hände zu nehmen und damit selbst wieder mehr Kontrolle über das Leben auszuüben, ist für viele Menschen reizvoll.

A. ENERGIEGEWINNUNG

In den Neunziger Jahren ist die Solaranlage auf dem eigenen Hausdach bedingt durch die hohen Subventionen und die Einspeisevergütung äußerst lukrativ geworden. Leider sind die Subventionen nicht mehr so hoch wie damals, ebenso wenig wie die Einspeisevergütungen und Verträge mit den Stromanbietern. Der Trend geht deshalb in den letzten Jahren mehr zur vollständigen Eigennutzung mit Speicherung des Hausstroms in einem Hausakku. Diese Technologie ist momentan noch eher teuer, wird aber mit zunehmender Weiterentwicklung und höherer Nachfrage sinken.

Generell kann man Solaranlagen zur Gewinnung von Warmwasser (Solarthermie) von Photovoltaik-Anlagen zur Stromgewinnung unterscheiden. Welche Möglichkeiten sich bei einem bestehenden Gebäude mit bereits installierter Heizungsanlage und Strominstallation ergeben, sollte jeder interessierte Hausbesitzer mit einem Fachmann erläutern.

Meist kann man auch bei älteren Heizungsanlagen mit Warmwassertank einen zusätzlichen Anschluss für eine Solarthermieanlage anbringen. Die Solaranlage kann dann über einen Wärmetauscher die Heizungsanlage bei der Warmwasserbereitung unterstützen, sodass Brennstoff gespart wird. Liefert die Solaranlage nicht genug Wärme, springt die Heizung ganz normal wieder ein. Zwei Solar-Elemente reichen aber in der Regel für einen normalen Haushalt mit vier Personen für die meiste Zeit des Jahres, sodass sich ein echter Nutzen und eine Kostenersparnis ergeben. Als nutzbare Fläche bietet sich eine Dachfläche oder auch ein Flachdach, z.B. von einer Garage, gut an.

Moderne Heizungssysteme, die z.B. Erdwärme nutzen und diese über einen Wärmetauscher an das Wasser im hausinternen System abgeben, arbeiten mit einer niedrigeren Vorlauftemperatur als Verbrennungsanlagen. Die Wärmepumpe benötigt Strom, der Rest der Anlage ist mehr oder weniger kostenfrei, sieht man von den hohen Anschaffungskosten der Anlage ab. Obwohl sich über eine höhere Umlaufgeschwindigkeit des Wassers auch ältere Radiator-Heizungen gemeinsam mit einer solchen Anlage nutzen lassen, sind moderne Flächenheizungen hier im Vorteil. Wenn Sie außerdem den Garten zum Anbau von Obst und Gemüse nutzen möchten, sollten Sie bedenken, dass ein Flächenkollektor für die Erdwärmeheizung in die Erde im Garten eingelegt werden muss. Dieses Element besteht aus einem Netz aus Rohren, die in einigen Zentimetern Tiefe im Gartenboden eingelegt werden. Da die Wärme in dieser Erdschicht noch nicht so viel höher ist als über dem Boden, braucht es eine große Fläche mit vielen Rohren, um genügend Wärme abzuzweigen. Die Fläche ist dann nicht mehr vollständig nutzbar, zumindest nicht für die Pflanzung tiefwurzelnder Bäume, die den Kollektor beschädigen könnten. Außerdem nimmt der Kollektor Wärme aus der Erde und speist sie ins Haus ein. Dadurch wird natürlich der Boden im Garten kälter, vor allem, wenn Sie in einem kalten Winter viel heizen müssen.

Generell sollte man sich bei der Anschaffung einer Erdwärmeheizung überlegen, woher der Strom für den Betrieb der Wärmepumpe stammen soll. Einen Teil des Strombedarfs könnte man vielleicht durch eine Photovoltaik-Anlage auf dem Dach decken. Ein komplettes Inselsystem, das durchdacht und funktional ist, ist natürlich wünschenswert, wenn man komplett energieautark sein möchte. Dennoch werden vielleicht Engpässe entstehen. Eine Art Backup-System, bei dem ein Engpass in der Stromversorgung durch einen ganz konventionellen Stromanschluss ausgeglichen werden kann, ist dann natürlich sinnvoll. Hier sollten Sie möglichst einen Vertrag finden, bei dem keine monatliche Grundgebühr fällig ist, wenn Sie ja die meiste Zeit des Jahres sehr wenig Strom von externer Quelle nutzen wollen.
Tiefenbohrungen für eine Heizungsanlage sind nicht in jeder Region möglich. Hier berät Sie am besten eine Fachfirma. Bei diesen Heizungsanlagen wird die Wärme aus einer Tiefe von bis zu 300 Metern heraufbefördert. Durch die Bohrung an mehreren Stellen kann die Tiefe verringert werden. Entscheidend für die Möglichkeit solcher Bohrungen sind statische und geologische Faktoren, z.B. die Bodenbeschaffenheit, Nachsackverhalten des Bodens, Steine oder auch Wasservorkommen. Da die Bohrung auch Auswirkungen auf die benachbarten Areale haben kann, sind Tiefenbohrungen genehmigungspflichtig. Zuständige Behörden können Ihnen also auch verbieten, eine Erdwärmeheizung mit Tiefenbohrungen im eigenen Haus zu installieren.

Bei kleinen, modernen Häusern kann es auch ausreichen, über Infrarotheizungen oder Spiegelheizungen die benötigte Wärme zu erzeugen. Diese Heizungen werden durch Strom betrieben, der zu einem größeren Anteil aus Photovoltaik-Anlagen stammen kann. Zusätzlich kann im Winter mit Scheitholz im Kamin oder Ofen geheizt werden.
Als Selbstversorger können Sie selbstverständlich ein Waldgrundstück kaufen und ihr Holz selbst machen. Auf der Ausgaben- und Aufwand-Seite schlagen dabei die Anschaffungskosten für das Grundstück inklusive aller Nebenkosten, eventuelle Pflegemaßnahmen, die Sie selbst nicht durchführen können, außerdem die Anschaffungskosten für Maschinen zum Fällen, Spalten und Abtransportieren des Holzes sowie die Arbeiten selbst inklusive der Trocknung der fertig gespaltenen Scheite zu Buche. Außerdem müssen Sie die entnommenen Bäume natürlich nachpflanzen und gegen Verbiss durch Wildtiere schützen. Das Gedeihen der Jungbäume müssen Sie regelmäßig kontrollieren. Bei Schädlingsbefall müssen Sie ebenfalls aktiv werden, damit umliegender Forst oder Wald keinen zusätzlichen Schaden erleidet. Dies ist ein hoher Aufwand an Material, Geld und Zeit. Im Gegenzug sind Sie jedoch unabhängig von örtlichen Lieferanten und können selbst ein Stück Wald gestalten. Sollten Sie wirklich nach einem Grundstück Ausschau halten, wird es zumindest eine Herausforderung, eine Fläche mit Laubbaum-Bestand zu finden. Fichtenholz ist zwar wüchsiger und knistert im Kamin wunderbar, hat jedoch einen wesentlich geringeren

Brennwert als Buchen- und Eichenholz. Leider hat die Forstwirtschaft allzu lange diese Baumart bevorzugt, statt der in Deutschland ursprünglichen Buchen und Eichen.
Auch mit gekauftem Scheitholz oder einer Pelletheizung können Sie sich jedoch zumindest von fossilen Brennstoffen lossagen und unabhängig vom Ölpreis heizen. Es gibt sogar für einen vierstelligen Aufpreis Pellet-Heizungsanlagen, die mit Pellets oder Scheitholz gefeuert werden können. So wären Sie jedenfalls bei Lieferengpässen autark und unabhängig. Diese Art des Heizens bedeutet aber einen täglichen Aufwand, da ja manuell Scheite nachgelegt werden müssen, um das ganze Haus warm zu halten.
Im Winter müssen die Solarpanels eventuell von Schneelast befreit werden, gerade dann, wenn Sie auf den Strom angewiesen sind. Besitzen Sie außerdem ein Haus, das unter Denkmalschutz steht, dürfen Sie unter Umständen gar keine Solaranlage auf das Dach montieren, da hierdurch die Optik gestört wird. Im Handel gibt es aber mittlerweile Solarschiefer, die auch bei denkmalgeschützten Gebäuden verbaut werden dürfen. Dies lohnt sich finanziell jedoch nur, wenn das Haus ohnehin neu gedeckt werden müsste. Achten Sie auf die richtige Form der Solarschiefer, denn auch hier sehen manche Denkmalbehörden genau hin.
Die Tragweite der Entscheidung soll Ihnen aber nicht erst später bewusst werden, deshalb sei hier darauf hingewiesen, dass Sie bei einem Vertrag mit dem Stromanbieter die Einspeisevergütung versteuern müssen. Hierzu muss eine

gesonderte Steuererklärung angefertigt werden. Dies ist ein wesentlicher Unterschied zu einer Inselanlage, bei der Sie den Strom lediglich im Haus speichern und selbst verbrauchen können.
Zu beachten ist dabei, dass vor allem Wasseraufbereitungssysteme in dieser Größenordnung anfällig für Störungen sind. Je kleiner die im Umlauf befindliche Wassermenge ist, desto schneller können sich Keime oder Algen darin vermehren. Wer sich mit dem Gedanken trägt, ein solches System zu installieren, muss zumindest in der Anfangsphase viel Zeit und Sorgfalt in die Wartung und Überwachung investieren.

B. FEUER/KAMIN

Seit Urzeiten versammeln sich Menschen gerne in geselliger Runde um ein offenes Feuer. Brennende Scheite oder auch Dochte haben seither nicht einen Funken an Faszination verloren. Jahrtausende hat Feuer den Menschen Sicherheit, Wärme, Geborgenheit und Nahrung geschenkt.
Der Selbstversorger und auch jeder Mensch, der gerne die Umwelt schützen will, denkt auch deshalb über einen Kamin oder Ofen nach, weil er gerne fossile Energieträger vermeiden möchte. Dies hat zum einen mit dem Wunsch nach Unabhängigkeit von Energieversorgern zu tun, zum anderen mit dem Spaß am Selbermachen und an dem angenehmen Raumklima, das sich durch ein Kaminfeuer entwickelt.

Der Vorteil der Wärmegewinnung aus Holz für die Umwelt ist der, dass dieses aus mittelfristig oder auch kurzfristig gebundenem Kohlenstoff besteht. Dies bedeutet, dass das organische Material erst vor einigen Jahren der Atmosphäre in Form von CO2 entnommen wurde. Bäume sind einer unserer größten Kohlendioxid-Speicher und damit gemeinsam mit dem Meerwasser der gewaltige Speicher, der das Klima bisher stabilisiert hat, obwohl wir riesige Mengen an Kohlendioxid zusätzlich in die Luft pusten. Während nämlich der Kohlenstoff über die Luft in die Pflanzen, die pflanzenfressenden Tiere und deren verrottenden Kadaver wieder in die Luft gelangt, wurde der Kohlenstoff im Erdöl vor Millionen von Jahren unter der Erde fixiert. Diese unfassbar große Menge an Kohlenstoff stand in diesen Jahrmillionen gar nicht zur Verfügung. Da Kohlendioxid ein effektives Treibhausgas ist und die von der Sonne auf die Erde eingestrahlte Wärme nicht mehr in den Weltraum lässt, stören wir durch das Einspeisen zusätzlichen Kohlendioxids aus dem langfristigen Kohlenstoffkreislauf die Wärmeregulierung der Erde. Bei der Verbrennung von Holz zur Wärmegewinnung wird dem Kreislauf also lediglich Kohlenstoff wieder zugeführt, der zuvor entnommen wurde. Das Klima wird dadurch bei entsprechender Aufforstung also nicht belastet.

Bei Holzhändlern müssen Sie sich in der Regel keine Gedanken darüber machen, ob sie richtig aufforsten. Diese Händler wissen, welche Holzarten sie gut verkaufen und werden sich langfristig nicht ihr Geschäft kaputt machen wollen. Die besten Holzarten zum Feuern eines Kamins sind Buche und Eiche – also genau die Holzarten, die auch in Deutschland den weitaus größten Anteil natürlich vorkommender Arten darstellen. Fichte oder Tanne waren im deutschen Urwald nur in Gebirgen zu finden. Gelegentlich können Sie ein Scheit dieser Nadelgehölze im Ofen dazulegen. Der Brennwert dieser Hölzer ist gering, das heißt, sie geben kaum Wärme ab. Aber bedingt durch Lufteinschlüsse knistert das Feuer ganz wunderbar und schafft so eine ganz lauschige Atmosphäre, die Sie sich ruhig ab und zu gönnen dürfen.

C. WASSER GEWINNEN UND AUFBEREITEN

Schon lange ist das Regenwasser nicht mehr das reinste Wasser, das wir haben können. In den siebziger und achtziger Jahren hatten die Menschen besondere Angst vor dem sauren Regen, der ganze Wälder in die Knie zu zwingen drohte. Seither wurden auf politischer und persönlicher Ebene viele Änderungen eingeführt, die zur Erholung führten, sodass das Regenwasser nun wieder etwas weniger belastet ist. Dennoch sollten Sie bei der Aufbereitung von Trinkwasser aus Regenwasser eine richtige Aufbereitung durchführen. Für die Nutzung des Regenwassers im Garten oder als Spülwasser für die Wassertoilette ist dieser Aufwand nicht nötig.

Regenwasser können Sie über Dachflächen gewinnen. Alles Wasser, das normalerweise in die Kanalisation abfließen würde, ist für Sie verloren. Sie zahlen als Grundstückseigentümer sogar ein Entgelt dafür, wobei hier nach Grundstücksgröße eine niederschlagsabhängige Pauschale erhoben wird. Umso sinnvoller ist es also, das Wasser lieber noch zu nutzen, statt es direkt in den Kanal laufen zu lassen. Je nachdem, welche Bereiche der Wasserversorgung Sie über Niederschlagswasser abdecken wollen, müssen Sie natürlich über geeignete Speicher für das Wasser nachdenken.
Für den Garten zur Wässerung der Pflanzen und zum Tränken Ihrer Tiere reichen Tonnen aus. Diese können Sie der Größe nach oder durch Pflastersteine auf unterschiedliche Höhen aufgebockt in Reihe schalten. Das Fallrohr befüllt dann zunächst die am höchsten stehende Tonne. Am oberen Rand der Tonne fügen Sie einen Auslaufhahn oder alten Außenwasserhahn ein. Über diesen läuft das Wasser automatisch in die nächste Tonne, wenn die erste voll ist usw.
Sollten Sie Ihren Garten ohnehin neu gestalten oder größere Umgestaltungen durchführen, können Sie über den Einbau einer größeren Zisterne nachdenken. Hierbei werden z.B. unterhalb von gepflasterten Flächen, Holzterrassen oder einem Schuppen große Reservoir-Behälter im Boden eingelassen. Diese werden gespeist durch die Fallrohre rund um das Haus. Im Behälter sickert das Wasser durch einen Feinfilter und nach Beruhigung der Wasserbewegung sinken Schwebstoffe auf den Grund. Bei zu heftigen Niederschlägen

wird überschüssiges Wasser über ein Überlaufsiphon entweder der Kanalisation zugeführt oder an einer Sickerstelle auslaufen gelassen. Von der Zisterne aus können Sie einen normalen Hausanschluss für Brauchwasser, z.B. die Toilette oder Waschmaschine, oder einen Gartenanschluss legen. Die Einspeisung ins Hausnetz wird über eine schwimmende Ansaugpumpe geleistet. Diese saugt das Wasser etwa zwanzig Zentimeter unterhalb der Wasseroberfläche an. Dort ist dieses am saubersten und enthält den meisten Sauerstoff. Die Zisterne darf nie trockenfallen, weshalb in sehr trockenen Zeiten eine Trinkwassereinspeisung nötig ist.
Das Sediment der Zisterne enthält nach einigen Jahren Mikroorganismen, die das Wasser reinigen. Dennoch muss das Sediment irgendwann abgesaugt werden. Zu entscheiden, wann dies der Fall ist, ist nicht einfach. Hier kann eventuell eine Fachfirma beraten.
Das Einsparpotential bei der Trinkwassernutzung ist hoch: Nur etwa die Hälfte des verbrauchten Wassers im Haushalt muss Trinkwasserqualität haben. Sie können also die benötigte Zisternengröße in etwa schätzen, wenn Sie Ihren jährlichen Wasserverbrauch halbieren. Bedenken Sie aber, dass eine Zisterne Platz benötigt und dass der Einbau mit größerem Aufwand verbunden ist.
Zisternen gibt es aus Beton und Kunststoff. Betonzisternen sind sehr schwer und es werden für den Transport zur gewünschten Stelle große Maschinen benötigt. Dafür sind sie äußerst robust. Kunststoffzisternen hingegen sind leicht und

können schon von zwei Personen getragen werden. Schäden an den Wänden jedoch sind natürlich häufiger als bei Betonzisternen. Da Sie die Zisterne länger nutzen möchten, empfiehlt es sich hier, auf gute Qualität zu achten, denn Sie möchten sicher keine Weichmacher in Ihrem Brauchwasser haben oder nach ein paar Jahren mühsam ein Leck in der Wand suchen.

Für die Einspeisung ausschließlich im Garten reicht ein Sieb aus Kunststoff, das gröbere Schmutzpartikel zurückhält. Wenn das Wasser jedoch im Haushalt verwendet werden soll, wäre es sinnvoller auf einen Patronenfilter zu setzen. Dieser ist effektiver und wartungsärmer. Bei der Hebepumpe muss ebenfalls der Einsatzzweck bedacht werden. Eine Handpumpe oder eine kleine elektrisch betriebene Pumpe reichen für den Garten aus, jedoch natürlich nicht, um das Wasser in den zweiten Stock des Hauses zu transportieren.

Regenwassernutzungsanlagen für das Haus müssen mitsamt ihrer Technik regelmäßig von Fachleuten überprüft werden, denn es gelten gesetzliche Bestimmungen, die die Wasserqualität sichern.

Die Natur schafft es mit der Filtration des Oberflächenwassers durch verschiedene Erd- und Gesteinsschichten ebenfalls, aus Regenwasser reines Grundwasser zu machen. Die dahinterstehenden Prinzipien nutzt auch eine natürliche Wasseraufbereitungsanlage. Eine Pflanzenkläranlage kann das Brauchwasser wieder in reines Trinkwasser umwandeln. Dazu ist ein ausgeklügeltes System der Wasserführung nötig und Sie müssen eine gewisse Mindest-Durchlaufmenge an Wasser täglich durch die Anlage fließen lassen. Für die Klärung der Abwässer sind Pflanzen und Filter verantwortlich. Dabei werden bestimmte Pflanzen, Kiese und andere Materialien von einer Fachfirma geliefert und ein Klärbeet installiert oder auch vom Eigentümer selbst nach Anleitung gebaut. Hier mischt sich ebenfalls der Gesetzgeber ein, denn Sie sind dazu gezwungen eine Kleinkläranlage anzumelden. Der komplette Eigenbau ist nicht möglich, da hier genauestens die chemischen und biochemischen Prozesse verstanden, sowie technische Details laut Vorschriften der Behörden eingeplant und fachgerecht aufgebaut werden müssen. Ist die Anlage in Betrieb, klären die Pflanzen und Mikroorganismen sogar die Rückstände aus Shampoo oder Waschmittel aus den Abwässern. Ökologisch verträgliche Produkte erleichtern die Arbeit der Bakterien in der Anlage jedoch und tragen dazu bei, dass das System reibungslos funktioniert.

Weiterhin kann man sich überlegen, ob für einige Vorgänge, die wir derzeit über Trinkwasser regeln, überhaupt wirklich Wasser genutzt werden muss. Einige Selbstversorger schwören auf die Komposttoilette, andere auf die Trockentrenntoilette. Bei der Trockentrenntoilette werden Fäkalien von Urin direkt durch eine Trennwand in der Toilettenschüssel getrennt und separat gesammelt. Um die Gerüche zu binden, wird der Behälter mit den Fäkalien mit Rindenschrot oder Sägespänen bestreut. Diesen kann man später auf dem

Kompost entsorgen. Der Behälter mit dem Urin wird mit Wasser gemischt als Flüssigdünger verwendet. Bei einer konventionellen Komposttoilette befindet sich unter der Toilette ein Komposter, der die Ausscheidungen ganz gewöhnlich kompostiert. So wird Trinkwasser gespart und Sie müssen dann nicht zwingend an die Kanalisation angeschlossen sein.

10. Selber machen im Alltag

Fleck-weg-Formel, Hyaluron-Booster, Q10-Komplex und Propolis… Wer blickt heute schon noch durch bei den ganzen Werbeversprechen, die uns die großen Hersteller konventioneller und auch biologischer Produkte machen. Beim Blick auf die Liste der Inhaltsstoffe verschwimmt nicht nur wegen der kleinen Schrift alles vor den Augen. Für viele Menschen stellt sich da zunehmend die Frage, ob sie sich Dinge auf Haut oder Haar schmieren möchten, die sie nicht einmal aussprechen können, geschweige denn wissen, um was es sich eigentlich handelt.

Cremes, Schminke, Putzmittel und Fertigprodukte enthalten Stoffe, die teilweise krebserregend sein sollen, die nachweislich gewässerschädlich, toxisch oder reizend sind. Viele Produkte enthalten außerdem sogenannte Erdölderivate, also aus Erdöl hergestellte Stoffe. Ja richtig, da cremen wir uns unsere Haut mit parfümiertem Erdöl ein. Je nach zusätzlichen Stoffen kann das sogar richtig teuer sein und eines der Tiegelchen, das uns im Nu die Falten wegzaubern soll, kostet einen dreistelligen Betrag. Bald schon lässt sich feststellen,

dass man morgens doch wieder in dasselbe Gesicht im Spiegel blickt. Nur das Portemonnaie ist schmaler geworden.
Seltsam mutet auch an, dass schon vor dreißig Jahren von strahlend reiner Wäsche und seidenweichen Händen nach dem erfolgreichen Spülen der Teller die Rede war. Aber trotzdem werden immer neue Produkte hergestellt, die noch strahlendere, reinere Wäsche und noch seidigere Hände, noch sauberere Teller versprechen. Überall müsste es in unseren Haushalten nur noch blinken und glänzen, ganz zu schweigen von unseren babyglatten Gesichtern und schimmernden, vollen Haaren, die wir mit uns herumtragen müssten. Da stellt sich doch die Frage, ob man früher einfach nicht so genau hingeschaut hat oder ob die Wäsche in den 80er Jahren vielleicht doch schmutzig blieb.
Wer nicht markentreu ist, kann auf die ganzen leeren Versprechungen für teures Geld auch verzichten. Denn Olivenöl wirkt genauso gut wie eine teure Creme. Sie fettet die Haut und hält sie dadurch geschmeidig. Ein paar Kniffe gibt es aber dennoch bei der Selbstversorgung mit Kosmetika und Putzmitteln.

A. NATURKOSMETIK SELBST HERSTELLEN

i. Seife

Seife kann nicht nur zum Waschen der Haut genutzt werden, sondern auch zum Herstellen von Spülmittel oder zum Wäschewaschen. Handgemachte Seifen unterscheiden sich erheblich von gekauften konventionellen Seifen und meist auch von industriell hergestellten Naturkosmetik-Seifen. Der entscheidendste Unterschied ist, dass selbst hergestellte Seife immer überfettet ist. Das bedeutet, der Fettanteil ist so gewählt, dass bei der Verseifung nicht alles Fett umgewandelt wird. Die Seife hat damit einen rückfettenden und hautschonenden Effekt. Gerade Schafmilchseife oder Ziegenmilchseife ist dadurch ganz besonders mild und kann zum Waschen von Babys und ihrer Kleidung verwendet werden. Auch für Menschen mit trockener Haut oder entzündlichen Hautveränderungen wie Neurodermitis können diese Seifen sehr gut verträglich sein. Außerdem stellen Sie so auch sicher, dass nur Inhaltsstoffe in der Seife sind, die Sie auch für gut halten. In herkömmlicher Seife ist meist Palmöl enthalten, für das illegal Regenwald gerodet wurde.
Bei der Herstellung von Seife ist aber Vorsicht geboten. Auf gar keinen Fall dürfen Sie Seife herstellen, wenn Kinder im selben Raum sind. Am besten seifen Sie draußen. Die für

die Seifenherstellung benutzten Töpfe, Formen und Geräte dürfen auch nach gründlicher Reinigung nicht mehr für die Zubereitung von Lebensmitteln genutzt werden. Schaffen Sie sich also für die Seifenherstellung ein gesondertes Equipment an. Neben einem Rezeptbuch benötigen Sie einen möglichst großen Email-Kochtopf, einen hitzebeständigen Messbecher, einen Stabmixer, eine Schutzbrille, Handschuhe und eine Feinwaage. Tragen Sie unbedingt lange Kleidung, wenn möglich sogar einen Kittel, denn die Natronlauge kann spritzen und ist äußerst ätzend. Außerdem müssen Sie natürlich die im ausgewählten Rezept angegebenen Zutaten kaufen. Eine einfache Seife aus Ziegenmilch besteht dann aus der Milch, verschiedenen Fetten, Natronlauge und Wasser. Natronlauge kann man bei einschlägigen Shops im Internet bestellen, alle anderen Zutaten können günstig im Supermarkt oder die Milch vielleicht direkt beim Bauern gekauft werden.

Befolgen Sie unbedingt und genauestens das Rezept und die Anleitung bei der Seifenherstellung. Seien Sie vorsichtig beim Anrühren der Natronlauge mit Wasser: Das Gemisch wird kochend heiß. Geben Sie immer das Natron ins Wasser und nicht umgekehrt, sodass sich die Natronkonzentration im Wasser durch das Einfüllen langsam erhöht. Erst wenn die Lauge genügend abgekühlt ist, dürfen Sie sie mit dem Rest der Zutaten mischen und mit dem Mixer so lange pürieren, bis eine joghurtähnliche Masse entstanden ist. Werden Sie nicht ungeduldig, denn die Lauge braucht lange zum Abkühlen.

Die Masse wird dann in Silikonformen abgefüllt und mit Folie bedeckt in alte Frotteetücher „schlafen gelegt". Jetzt findet die Verseifung statt. Je nach Seife kann das bis zu mehreren Monaten dauern, bis die Seife reif ist und nicht mehr so stark alkalisch, dass sie der Haut schaden würde.

Das Seifen spart im Lauf der Zeit nicht nur eine Menge Geld, es macht auch Spaß und im Vergleich zum betriebenen Aufwand hat der Selbstversorger eine große Menge Seife, die über mehrere Monate ausreicht. Noch dazu ist selbst hergestellte Seife ein ganz wunderbares Geschenk oder Mitbringsel.

Für die Herstellung verschiedener Putz- und Waschmittel kann die Seife anschließend zerrieben werden oder in einem Stück Tüll eingepackt als Rubbelseife für die Wäschevorbehandlung genutzt werden. Seifenspäne in Wasser aufgelöst ergeben ein gutes Spülmittel. Durch das Beimischen ätherischer Öle, Pflanzenbestandteile oder anderer Zutaten ergeben sich auch zusätzliche Effekte: Kaffeeseife bindet sehr gut Gerüche, Teebaumöl beruhigt die Haut.

Für den ersten Versuch ist es sinnvoll, sich mit jemandem zu treffen, der bereits Erfahrung in der Seifenherstellung hat. Die beste Beschreibung ist nicht so gut wie der Lerneffekt beim Zuschauen. Wählen Sie für die erste Charge eine milde, einfache, aber universell einsetzbare Seife, wie die Ziegen- oder Schafmilchseife mit wenigen Zutaten.

ii. Creme

Hautpflegemittel herzustellen ist eigentlich das Einfachste der Welt. Das, was unsere Haut an Pflege benötigt ist Rückfettung und Hydratisierung. Hydratisierung klingt sehr hochtrabend, ist aber nichts anderes als das Feuchthalten der Hautschicht. Dies geschieht von innen durch das Schönheitselixier aller berühmten Amerikanerinnen: Viel Wasser trinken. Aber auch von außen kann Wasser in die Haut gelangen. Dazu gibt es mehrere Möglichkeiten. Es kann entweder eine Emulsion aus Fetten und Wasser als Creme auf die Haut aufgetragen oder auf der nassen Haut ein Öl verteilt werden, das die Feuchtigkeit in der Haut einschließt.

Einfacher ist es, die Haut mit einem handelsüblichen Speiseöl nach dem Duschen oder Baden einzuölen, ohne sich zuvor abzutrocknen. Die Haut wird anschließend nur noch abgetupft. Für ein Duftendes Öl mit zusätzlichen Effekten können Sie beispielsweise getrocknete Ringelblumenblüten für zwei Wochen im Öl ansetzen und diese anschließend wieder abseihen. Auch Lavendel oder andere duftende Blüten eignen sich. Ein Olivenöl kann auch mit anderen pflegenden Ölen gemischt werden. Hier eignen sich für sehr trockene Haut z.B. Mandelöl oder Arganöl, die zwar sehr teuer, aber auch äußerst hochwertig und effektiv sind.

Für eine reine Fettsalbe können Sie auch flüssige und feste Fette mischen. Bienenwachs, Kokosöl, Kakaobutter oder Sheabutter werden dazu zusammen mit Ölen und vielleicht

ätherischen Ölen in einem Topf bei geringer Hitze geschmolzen und gut verrührt. Anschließend können Sie sauber ausgespülte Schraubgläser damit füllen und sie noch heiß verschließen. Als Cremetiegel eignen sich entweder ausgespülte alte Tiegel von Kosmetika oder auch die kleinen Probiergläser für Marmelade, die bei Hotelfrühstück oder beim Bäcker gerne ausgegeben werden. Bei Wundsalben kann zusätzlich Zinkoxid beigemischt werden, das die Haut trocken hält. Jedoch steht Zinkoxid im Verdacht, Krebs auszulösen. Auch eine Calendula-Salbe aus Ringelblumenblüten-Öl (Olivenöl mit getrockneten Blüten zwei Wochen aufsetzen und abseihen) und Bienenwachs wirkt bei einem wunden Babypo wahre Wunder. Das Öl kann auch zusammen mit kompostierbarem Windelvlies statt gekaufter Ölpflegetücher verwendet werden.
Bei einer Emulsion müssen Sie sich hingegen an ein Rezept halten und einen Emulgator verwenden. Emulgatoren für Cremes bekommen Sie im Handel. Einige davon sind auch für Naturkosmetik zertifiziert, beispielsweise der pflanzliche Emulgator Emulsan.

iii. Deo

Naturkosmetik hin, Aluminium im Deo her, aber stinken möchte niemand. Die Gegner der Antitranspirante sprechen von gefährlichen, teilweise krebserregenden Inhaltsstoffen,

zu viel Verpackungsmüll und klimaschädlichen Aerosolen. Da bricht so manchem schon der Schweiß aus, wenn er nur an die Folgen für Umwelt und Gesundheit denkt.
Ein wirksames und völlig ungefährliches Deo ist aber sehr leicht selbst herzustellen. Noch dazu ist ein selbst gemachtes Deo sehr viel günstiger als ein gekauftes. Für ein einfaches Deo in Cremeform werden Kokosöl, Backpulver (Natriumhydrogencarbonat), Kartoffelstärke und ätherisches Limetten-, Salbei- oder Lavendelöl vermischt. Dabei wirken Kokosöl und ätherisches Öl leicht antibakteriell und duften gut, die Stärke bindet Feuchtigkeit und das Backpulver neutralisiert Gerüche. Dieses Deo verhindert nicht, dass Schweiß aus den Poren austritt, aber der Schweiß riecht nicht. Für genaue Dosierungen und Anleitungen gibt es massig gute Rezepte im Internet oder in einschlägiger Literatur. Der Körper kann einige Wochen der Anpassung benötigen, bis er sich angepasst hat an die mildere Behandlung mit der selbstgemachten Deocreme. Auch Deosprays mit Pumpzerstäubern oder Roll-on-Deos kann man selbst machen. Die Zutaten sind leicht im Supermarkt und der Drogerie zu bekommen.

iv. Zahncreme oder Zahnpulver

Schöne Zähne, ein gepflegter Mund – das möchte nicht nur jeder Mensch gerne erhalten, das ist auch wichtig für die gesamte Gesundheit. Karies und Parodontose können sich negativ auf die Organgesundheit des ganzen Körpers auswirken und darüber hinaus kann Karies auch auf andere Menschen übertragen werden. Der guten Qualität von Zahnpasta messen entsprechend viele Leute ein hohes Maß an Aufmerksamkeit bei. Aber ist die Zahnpasta wirklich gut für unsere Gesundheit? In den letzten Jahren haben immer mehr Menschen genau daran Zweifel. Fluoridierte Zahnpasta spaltet die Gemüter, denn Fluor hat zwar eine zahnschmelzhärtende Wirkung, macht den Zahnschmelz aber gerade dadurch auch unflexibel und brüchig. Zudem ist Fluor in höchstem Maße giftig, sogar so stark giftig, dass der Verzehr einer Tube Zahnpasta ernsthafte Gesundheitsgefahren bis hin zu tödlichen Symptomen mit sich bringen kann.

Die Mundhygiene des Selbstversorgers ist entsprechend fluoridfrei. Ob Sie persönlich für oder gegen fluoridierte Zahnpflegeprodukte sind, ist eine ganz individuelle Entscheidung, die Sie für sich allein treffen müssen. Wollen Sie weiterhin fluoridierte Zahncreme verwenden, können Sie nur gekaufte Produkte nutzen, die es jedoch auch mikroplastikfrei und sogar als Zahnputztabs ganz plastikfrei verpackt bekommen können. In vielen konventionellen Zahncremes sind neben Fluoriden auch lösliche und unlösliche Kunststoffe und künstliche Zahnschmelz-Partikel enthalten, die ein Plastik-Gegner sicher ablehnen wird.

Wollen Sie also selbst Zahnpulver oder Zahncreme selbst herstellen, können Sie als reinigenden Bestandteil weiße Tonerde bzw. Schlämmkreide oder Salz nutzen. Beide Stoffe haben auch eine desinfizierende Wirkung. Bei Backpulver in der Zahnpflege überwiegt die desinfizierende Eigenschaft gegenüber der Reinigung. Des Weiteren enthalten selbst hergestellte Zahnreiniger meist ein ätherisches Öl, z.B. Pfefferminzöl, und als Trägerstoff für die cremige Konsistenz Kokosöl. Optional kann Xylit beigemischt werden, ein aus Birken- oder Buchenrinde hergestellter Zucker, der aber vom Körper nicht aufgenommen werden kann.

Selbermachen in allen Ehren – es gibt auch negative Aspekte an der Selbstversorgung in diesem Bereich: Backpulver hat einen salzigen Geschmack, den nicht jeder Mensch der Frische einer Minz-Zahnpasta vorzieht. Zahnärzte und alle anderen Experten sind sich außerdem einig, dass selbst hergestellte Zahnreiniger bei falscher Zusammensetzung der Inhaltsstoffe zu einem schnellen Abrieb des Zahnschmelzes beitragen und daher sollten Sie genau überlegen, ob Sie Ihre Zahncreme oder ein Zahnsalz bzw. Zahnpulver selbst herstellen wollen.

v. Shampoo und Duschgel

Bunte Flaschensammlungen von Shampoos im Badezimmer sehen nicht schön aus, kosten außerdem auf Dauer viel Geld und alle Inhalte machen letztlich dasselbe: Haare säubern. Den einen oder anderen Zusatzstoff für geschmeidigeres Haar oder weniger Schuppen kann man brauchen, die meisten jedoch leider nicht. Gut für die Umwelt sind die meisten

Inhaltsstoffe aus konventionellen Produkten ohnehin nicht. Die Kläranlagen haben immer mehr Probleme, die ganzen Abfälle aus unseren Kosmetika und Pflegeprodukten wieder aus den Abwässern zu klären, damit wir unsere gewohnt hohe Trinkwasserqualität erhalten. Die reinigende und entfettende Wirkung erhalten Shampoos aber samt und sonders über sogenannte Tenside. Dabei handelt es sich um Emulgatoren, die oft Phosphate enthalten. Sie werden hergestellt aus natürlichen pflanzlichen oder tierischen Fetten oder aus Erdöl. Auch aus Zucker können Tenside hergestellt werden. Diese werden dann Zuckertenside genannt. As älteste vom Menschen hergestellte Tensid ist Seife.

Die Funktion, die sie in allen reinigenden Mitteln, wie Shampoos, Putzmitteln oder Waschmitteln übernehmen ist die der Verringerung der Oberflächenspannung des Wassers. Dadurch werden Fett und Schmutz leichter gelöst. Sie haben eine stark fettbindende Wirkung und sind daher nicht unbedingt sanft im Umgang mit der Haut und Kopfhaut. Eine milde Seife für den Körper ist wesentlich hautschonender als ein herkömmliches Duschgel und sie desinfiziert mit ihrem hohen pH-Wert ebenso gründlich. Auch selbst hergestellte Seifen können angenehm duften, daher sollten Sie sich vielleicht überlegen, die Seife anstelle von Duschgel zu verwenden.

Selbst hergestellte oder gekaufte Haarseifen spalten die Gemüter, denn die Einen schwören darauf und die anderen berichten von schmierigen, steifen Haaren nach der Wäsche. Mit den richtigen zugekauften Inhaltsstoffen, auch gekauften Tensiden, kann man aber sogar ein Shampoo selbst herstellen. Die Rezepte findet man im Internet oder in der einschlägigen Literatur zu diesem Thema. Es gibt auch Rezepte ohne Tenside und Seife, die lediglich natürliche Saponine aus Rosskastanien oder Seifenkraut nutzen. Hier lohnt sich vor allem bei trockenem oder normalem Haar das Experimentieren. Auch eher fettiges Haar kann übrigens von zunächst zu milden Shampoos profitieren, denn das Nachfetten der Kopfhaut kann durch eine zu starke Entfettung durch aggressive Shampoos verschlimmert werden. Nach einer Umgewöhnungszeit entspannt sich das Klima auf der Kopfhaut und die Haare werden nicht mehr so schnell fettig wie zuvor.

Oft hört und liest man in der letzten Zeit auch von der „No-Poo-Methode", bei der das Haar nur mit Wasser gewaschen und mit einer Bürste aus Naturborste täglich gebürstet wird. Der von der Kopfhaut produzierte Talg soll sich dann als Schutz über die Haare legen und bei entsprechender Hygiene der Bürste sowie täglichen Wasserspülungen auch nicht unangenehm riechen.

Eine rein mechanische Reinigung erreichen Sie, ganz ohne schädliche Chemie und noch dazu nahezu verpackungsfrei, durch das Waschen der Haare und auch des Körpers mit Wascherde. Dabei handelt es sich um Tonerde, die durch ihre kleinen Partikel sanft peelen und das überschüssige Fett von der Haut und Kopfhaut sowie Schmutzpartikel aufnehmen. Wenn Sie diese Methode ausprobieren möchten, können Sie in der Apotheke oder im Drogeriemarkt zunächst eine kleine

Menge Heilerde kaufen und testen, ob diese Methode langfristig für Sie funktionieren könnte.
Bevor Sie in diesem Bereich also mit mehr oder weniger gefährlichen chemischen Substanzen experimentieren, sollten Sie vielleicht die einfachen Varianten erst ausprobieren.

vi. Dekorative Kosmetik

Sogar dekorative Kosmetik kann selbst hergestellt werden. Nutzen Sie dafür am besten bereits vorhandene Tiegel, Bürstchen und sonstige Behälter. Für Rouge, Lidschatten, Lippenstift und Mascara werden Fette mit farbintensiver Tonerde gemischt, um die gewünschte Nuance zu erhalten. Die Tonerden kann man online bestellen und dann selbst mischen. Individueller geht es nicht. Die eigene Herstellung von Kosmetika lohnt sich aber nur, wenn Sie sich täglich gleich schminken und einen entsprechend hohen Verbrauch haben, denn die Produkte halten sich ohne Konservierungsstoffe natürlich nicht unbegrenzt und die Tonerde ist nicht so günstig zu haben. Mascara ist bei Naturkosmetik-Anbietern niemals wasserfest. Wasserfeste Produkte erhalten diese Eigenschaft ausschließlich über erdölbasierte Rohstoffe, die in der Naturkosmetik verboten sind. Dasselbe gilt übrigens für wasserfeste Sonnencremes.

B. PUTZMITTEL

Zu Großmutters Zeiten war die Auswahl an Putz- und Waschmitteln äußerst beschränkt. Über jedem Spülstein hingen drei Töpfe. Darin: Seife, Soda und Sand. Mit diesen drei Mitteln wusch man schmutziges Geschirr, Hände und Wäsche. Der Sand diente als Schleifmittel für eingebrannte Speisereste oder zum Schrubben des Spülsteins. Statt also drei verschiedener Cocktails mit unaussprechlichen Ingredienzen reichten hier drei ganz einfache Mittel, um alles sauber zu bekommen. Analog dazu vereinfachen auch heute wieder viele Menschen ihre Putzmittelvorräte. Statt für jedes Gerät und jeden Bereich ein Spezialmittel anzuschaffen, putzen immer mehr Leute einfach mit den althergebrachten und biologisch abbaubaren Mitteln.

Natron ist hier als erstes zu nennen, denn es ist ein Allrounder in Küche, Medizin, Kosmetik und Haushalt. Im Gemüse erhält es die grüne Farbe, macht beim Backen den Kuchen locker, es entfernt beim Putzen den Schmutz, nimmt Gerüche auf, desinfiziert Oberflächen, tötet mit Puderzucker gemischt Ameisen und hilft sogar in Wasser aufgelöst gegen Sodbrennen. Das sind noch lange nicht alle Anwendungsgebiete dieses Mittels. Natron sollte man also immer im Haus haben. Natron ist dabei gleichzusetzen mit Backpulver. Schauen Sie auf die Verpackung und lesen Sie nach: Kaiser Natron und Backpulver sind ein und dasselbe, nämlich Natriumhydrogencarbonat. Etwas ganz anderes und nicht mit Natron zu verwechselndes ist Soda oder Waschsoda! Der chemische Name ähnelt sich, die Eigenschaften sind aber anders und Soda darf unter keinen Umständen in Kosmetika eingesetzt oder eingenommen werden. Soda ist Natriumcarbonat und ein wichtiger Bestandteil in Waschmitteln.

Mithilfe von Soda und Kernseife (Achtung, diese besteht oft zu einem großen Teil aus Palmöl!) können Sie ein taugliches Waschmittel herstellen. Die Kernseife muss dazu zu Spänen gerieben werden, damit sie sich in der Trommel gut auflöst. In herkömmlichen Waschmitteln sind außerdem Enzyme und andere, meist künstliche, Tenside beigemischt. Die Enzyme verdauen organische Lebensmittel- und sonstige natürliche Rückstände auf der Kleidung. Diese Wirkung kann ein selbst hergestelltes Waschmittel nicht haben, da es nur auf der Waschwirkung von Soda und Seife beruht. Nicht ohne Grund feierten unsere Großmütter damals die Erfindung der modernen Waschmittel mit Enzymen als großen Innovationsschritt. Für Wäsche, die aber nur aufgefrischt werden muss, reicht ein selbst hergestelltes Waschmittel völlig aus. Wer es gerne duftend mag, kann ein wenig ätherisches Öl hinzugeben.

Essig ist ein weiteres Putzmittel, das jeder immer im Haus haben sollte. Es ist unschlagbar im Kampf gegen Fett und Kalk. Nachweislich desinfiziert Essig genauso gut wie ein Hygienereiniger, denn selbst die hartgesottensten Bakterien vertragen keinen so niedrigen pH-Wert. Essigreiniger beinhalten neben industriell hergestellter Essigsäure noch Tenside, die streifenfreien Glanz ohne trockenes Nachwischen garantieren. Wer jedoch darauf verzichten kann oder einfach mit einem

trockenen Lappen nachwischt, hat dasselbe Ergebnis. Der Essig kann ganz einfach mit Wasser gemischt werden und in einer Sprühflasche oder ausgedienten Reinigerflasche aufbewahrt werden. Wer gerne einen Orangenreiniger haben will, kann Orangenschalen für einige Wochen in Essig einlegen und den Essig dann durch ein Sieb in die Flasche abfüllen.
Für empfindliche Nasen ist Essig vielleicht nicht die richtige Wahl. Aber auch Zitronensäure ist ein wertvolles Putzmittel. Man erhält es in kristalliner Form und kann es dann in Wasser aufgelöst zum Putzen verwenden. Dieses Mittel eignet sich auch zum Entkalken von Thermoskannen, Kaffeemaschinen, Brauseköpfen und allem anderen im Haushalt, das verkalken kann. Auch für die Reinigung von Fenstern ist Säure gut. Das Wasser-Essig- oder Wasser-Zitronensäure-Gemisch auf einem Lappen reinigt von grobem Schmutz. Anschließend wird das Fenster mit einem trockenen Lappen streifenfrei poliert oder zuvor mit einer Gummilippe das meiste Putzwasser abgezogen und dann trocken nachgewischt.
Mit Essig und Zitronensäure muss man jedoch vorsichtig sein, wenn es um die Reinigung von Natursteinen oder anderen säureempfindlichen Materialien geht. Hier tut es Seife im Putzwasser. Insgesamt hat es sich im Ablauf aber bewährt, nicht ein ganzes Arsenal an Putzmitteln vorzuhalten und dann für jeden zu putzenden Gegenstand zum Putzschrank zu laufen. Wer mit einem Eimer Putzwasser die ganze Küche, dann die Fenster und zum Schluss das Bad reinigen kann, spart sich viele Wege und eine Menge Geld für teure Werbeversprechen, die dann doch nicht taugen.

11. Plastik vermeiden im Selbstversorger-Alltag: 30 Tipps

Allein durch die Selbstversorgung mit Obst und Gemüse vermeiden Sie eine ganze Menge Verpackungsmüll. Die Einzelhändler schwenken zwar allmählich um und bieten immer mehr Produkte verpackungsfrei an, doch all dies dauert sehr lange und oft sind in einem Supermarkt dann doch die teureren Bio-Produkte in Plastik verpackt, um sie von den konventionellen Produkten zu unterscheiden.
Auch Selbstversorger sind auf die Produkte der Industrie in einem gewissen Ausmaß angewiesen. Manche Ausstattungsgegenstände oder Konsumgüter muss auch ein Selbstversorger kaufen. Oft haben wir keine Wahl: Wer z.B. Medikamente benötigt, bekommt diese nur in einem Plastik-Blister mit Aluminiumfolie. Hier finden Sie aber einige Tipps in Kürze, die Ihnen dabei helfen können, Plastik im Alltag zu vermeiden. Viele dieser Vermeidungsstrategien haben mit Gewohnheit zu tun. Suchen Sie sich einfach einige Dinge aus, die Sie ausprobieren möchten und schauen Sie dann, welche Ihnen langfristig gefallen und gut tun. Diese Liste ist nicht vollständig und auch kein Dogma, an das Sie sich

sklavisch halten müssen, um sich einen Platz im Himmelreich zu reservieren. Sehen Sie es eher als Ideensammlung zu Ihrer Anregung.

1 Prüfen Sie, ob es nicht eine Alternative ohne Plastik gibt.

Bei Wattestäbchen, Zahnbürsten, Putzeimern und Kehrblechen gibt es mittlerweile gute Alternativen zu Plastik. Schauen Sie sich einfach bei den nächsten Einkäufen um, ob es nicht das gewünschte Produkt auch ohne Plastik gibt. Ebenso verhält es sich natürlich mit den Lebensmitteln, die in Plastikverpackung angeboten werden. Gibt es sie auch ohne Plastikhülle? Wenn ja, dann greifen Sie lieber dazu. Zwar werden die Paletten in den Verteilzentren auch foliert, damit die einzelnen Kartons nicht umfallen können, aber immerhin ist nicht jede Gurke einzeln noch einmal in Plastik verschweißt.

2 Überlegen Sie, ob Sie auf dieses Produkt ganz verzichten können.

Vielleicht stellen Sie fest, dass Sie auch ganz ohne ein Produkt leben können. Wenn Sie sowieso nur staubsaugen, brauchen Sie womöglich gar kein Kehrblech. Das ist besser, als sich eines aus Metall anzuschaffen und es dann nicht zu benutzen. Ausweichprodukte sind nicht immer eine Lösung, aber wer jede zweite Chipstüte durch den selbstgemachter Kekse ersetzt, hat auch die Umwelt entlastet im Vergleich zu seinem früheren Verhalten.

3 Vermeiden Sie Einwegverpackungen durch das Kaufen auf einem Markt.
Hier sehen Sie meist die Erzeuger selbst oder aber Angestellte der Erzeuger. Sie kennen die Produkte, die sie verkaufen und können Ihnen Informationen zu den Haltungsbedingungen von Tieren geben oder die Herkunft der Produkte nennen. Außerdem können Sie hier unkompliziert lose Produkte ohne Verpackung kaufen. Wenn Sie einen Hof direkt in der Nähe haben, können Sie oft mit Pfandflaschen Milch zapfen, eigenen Käse oder selbst hergestellte Wurst und natürlich hofeigenes Gemüse kaufen. Das geht meist in Pfandgläsern oder unverpackt.

4 Bringen Sie immer eigene Dosen mit.
Solange die Dose nicht hinter die Theke kommt, dürfen Sie auch Fleisch unverpackt einkaufen. Immer mehr Läden bieten an, dass das abgewogene Fleisch in einer Porzellanschale auf die Theke gestellt wird und Sie dürfen es umfüllen. Das ist zwar kompliziert, aber immerhin tut sich etwas in dieser Angelegenheit. Das geht sogar beim Bäcker, denn eine Papiertüte kann man ebenfalls einsparen: Auch bei Teilchen darf die große Kuchenplatte auf die Theke, die Bedienung stellt die Ware dort zusammen. Dann machen Sie die Haube darauf und können genauso unkompliziert Ihre Teilchen nach Hause tragen, wie in einer Tüte. Für die Brötchen am Sonntag kann ein Jutebeutel auf der Theke aufgehalten werden.

5 Nutzen Sie Pfandglas nur dann, wenn es sich um ein Pool-System mit kurzen Transportwegen handelt.

Meist verwenden sehr viele Anbieter dieselben Pfandgläser, auf die lediglich eine Banderole geklebt wird. Sie sind also einem Pool-System angeschlossen. Die Pfandgläser werden dann nicht zu genau dem Hersteller des darin gelieferten Produktes zurückgebracht, sondern landen beim geografisch nächsten Hersteller und werden dort gereinigt und wieder befüllt. Das spart Transportwege. Trotzdem ist dies aufwändig und vor allem bei Wasserflaschen oder anderen Getränken in Glas haben Sie ökologisch nur dann einen Vorteil erwirtschaftet, wenn das Produkt aus der Region kommt. Einwegglas kann aufgrund seines hohen Gewichtes bei längeren Transportwegen eine schlechtere Klimabilanz haben, als Plastikverpackungen.

6 Verwenden Sie vorhandenes Plastik so lange wie möglich.

Plastikdosen, Frühstücksbehälter oder auch anderes Gebrauchsplastik, wie Putzeimer, sollten Sie nicht wegwerfen. Genau dann wird es nämlich zu Müll, der problematisch für die Umwelt ist. Nutzen Sie vorhandenes Plastik stattdessen so lange wie möglich und ersetzen Sie es erst dann durch eine plastikfreie Alternative, wenn es seine Lebenszeit überschritten hat.

7 Gehen Sie nicht mehr Shoppen als Freizeitbeschäftigung.

Oft kaufen Menschen Dinge, die sie gar nicht wirklich brauchen. Sie tun das, weil sie die Sachen schön finden und sich in dem Moment einbilden, dass sie sie bräuchten. Genauso wie angeblich Gelegenheit Diebe macht, macht auch das Shopping als Freizeitbeschäftigung einen kauffreudigen Konsumenten. Wenn Sie nicht sehen, was es alles an Neuigkeiten gibt, haben Sie auch weniger das Bedürfnis, Dinge zu kaufen. Sie sparen dadurch Geld und außerdem auch Plastik, denn viele der Produkte, die wir kaufen können, enthalten Erdöl und daraus hergestellte Materialien.

8 Achten Sie bei Neuanschaffungen auf langlebige, zeitlose Produkte

Mode kommt und geht. Nachhaltiger und sparsamer lebt man, wenn man sich Basics anschafft, die zeitlos und hochwertig sind. Dabei geht das Plastiksparen von selbst, denn sozusagen in jedem Produkt, das wir heute kaufen steckt Plastik. Auch in einem Shirt aus 100% Baumwolle sind die Nähte mit Polyester-Garn genäht, Label angebracht, Aufdrucke, Pailletten oder Beflockung aufgebracht. Bei der Capsule Wardrobe wählt man wenige, aber hochwertige Kleidungsstücke aus, die sich farblich und stilistisch gut kombinieren lassen. So entstehen aus ungefähr dreißig Kleidungsstücken ganz viele verschiedene Outfits, die zu allen Gelegenheiten getragen werden können. Kaputte Kleidungsstücke werden repariert und bei Bedarf durch nur ein einziges neues Teil ersetzt.

9 Verwenden Sie Naturkosmetik

Ja, auch Naturkosmetik kommt oft nicht gänzlich ohne Plastik aus. Oft sind die Tuben oder Tiegel doch aus Kunststoff und auch Metalltuben müssen produziert werden und landen später im Restmüll. Einige Hersteller haben auch plastikfrei verpackte Kosmetika, wobei die Auswahl hier begrenzt ist. Was Sie aber durch die Nutzung von Naturkosmetik sicherstellen ist, dass keine löslichen Kunststoffe oder Mikroplastik-Partikel in den Produkten verarbeitet sind. Bei Peelings, Zahnpasta oder Duschgels werden Schleifpartikel aus Tonerde oder anderen natürlichen Zutaten verwendet. Dies ist gut für das Grundwasser und das ganze Ökosystem.

10 Nutzen Sie die Dinge aus der „Stuff-Cloud“

Kaufen Sie aus Überzeugung Second Hand! Alle Konsumgüter, die nicht extra für Sie hergestellt werden müssen, sind gut für die Umwelt. Sie verlängern damit die Lebensdauer der Produkte und jemand anderes wirft diese Produkte nicht weg. Mittlerweile gibt es Tauschbörsen und Second Hand-Läden fast bei jedem in der Nähe und Online-Portale für Kauf und Verkauf von gebrauchten Waren sind nach wie vor beliebt. Sie sparen bares Geld und schonen die Umwelt. Betrachten Sie das Internet und Second Hand-Läden als Ihre erweiterte Kleiderkammer und Lagerräumlichkeit – eben als „Stuff-Cloud“, aus der Sie die benötigten Dinge immer wieder herauskramen können.

11 Führen Sie ungenutzte Gegenstände der Stuff-Cloud zu und verhindern Sie so, dass dieser Artikel für andere Menschen neu hergestellt werden muss

Gleiches gilt für das Weiterverkaufen nicht mehr genutzter Ware. Sie holen sich einen Teil des Kaufpreises zurück und verlängern wieder die Produktnutzung. Selbst kaputte Elektrogeräte werden noch gekauft von Leuten, die diese reparieren können. Statt also beim Ausmisten der Schränke einen großen Container zu füllen, überlegen Sie, ob Sie einige Teile noch verschenken oder weiterverkaufen können.

12 Verwenden Sie statt Wegwerfartikeln die Mehrwegvariante bei Taschentüchern, Windeln, Abschminkpads etc.

Selbst wenn Sie kompostierbare Windeln oder in Papier verpackte Taschentücher, z.B. Zupfboxen, verwenden: Diese Konsumgüter und ihre Verpackungen müssen produziert, transportiert und entsorgt werden. Hierbei wird Erdöl verbrannt für die Energiebereitstellung, Stromerzeugung und den Transport zu Wasser, Schiene oder per LKW. Bei einer entsprechenden Nutzungsdauer amortisiert sich aber der höhere Energieaufwand für die Produktion von Mehrweg-Gegenständen, wie Stofftaschentüchern, Stoffwindeln oder waschbaren Hygieneartikeln, sodass Sie umweltfreundlicher hiermit sind.

13 Trinken Sie Leitungswasser oder zumindest Wasser und Säfte aus Glasflaschen.

Glasflaschen sondern keine Partikel oder löslichen Inhaltsstoffe in Getränke ab und sind geschmacksneutral. Bei allen Kunststoffflaschen wandern Chemikalien oder kleine Teile in das Getränk ein und Sie trinken diese mit. Bei der sehr hohen Trinkwasserqualität in Deutschland kann jeder Mensch bedenkenlos das Leitungswasser trinken. Sprudelwasser kann man auch mit einem Sprudler selbst herstellen. Wie ein berühmter Hersteller wirbt, spart man sich das Schleppen der Wasserkisten und das Sprudelwasser sowie andere Getränke sind sogar günstiger als die meisten Marken. Denken Sie daran, wenn Sie das nächste Mal hinter einem LKW vom Getränkegroßhandel auf der Landstraße hängen. Solange die Menschen französisches Quellwasser im Geschäft kaufen und man Wasser noch nicht per E-Mail verschicken kann, müssen Sie sich die Straße mit den LKWs teilen.

14 Nehmen Sie immer Ihren eigenen Becher mit für einen schnellen Kaffee.

Sind Sie auch einer der Menschen, die ohne Kaffee genauso wenig funktionieren, wie ein Ottomotor ohne Benzin? Dann schaffen Sie sich einen Thermobecher aus Edelstahl für unterwegs an. So können Sie beim Bäcker schnell einen Kaffee mitnehmen, ohne ein schlechtes Gewissen zu haben. Vermeiden Sie aber die derzeit modernen Bambus-Becher mit Silikondeckel: Sie bestehen nur zu einem Teil aus geschreddertem Bambus. Die Bambus-Stückchen werden nämlich mit einer großen Menge Kunstharz, also Plastik, zusammengeklebt. Dies ist also eine absolute Mogelpackung, die womöglich ebenfalls Stoffe in heiße Getränke abgibt, die vielleicht gesundheitlich bedenklich sind.

15 Nutzen Sie sooft möglich eigenes Geschirr und Besteck – auch an der Frittenbude!

Echte Plastik-Sparer haben immer Besteck und Geschirr dabei, wenn sie unterwegs sind. Oft gibt es nämlich ein schnelles Essen an der Bude, die natürlich keine Sitzplätze und somit auch kein Mehrweggeschirr und –besteck anbietet. Wenn Sie jemanden kennen, der gerne näht, dann können Sie sich für Ihr Geschirr und Besteck to go auch ein hübsches Etui machen lassen. Gönnen Sie diesem Etui dann einen festen Platz in der Handtasche, im Auto oder einem Jutebeutel, den Sie immer dabei haben. So nutzen Sie die Sachen auch und können sie nicht daheim vergessen. Außerdem lohnt es sich, eine Metalldose mit Deckel auf Verdacht dabei zu haben, falls man sich irgendwo irgendetwas kaufen möchte oder einpacken lassen will.

16 Verwenden Sie kein feuchtes Toilettenpapier.

Feuchttücher sind der absolute Alptraum für die Kanalisation, das Klärwerk und die Umwelt. Sie bestehen zu 100% aus Plastik, denn andernfalls würden sie sich in den ebenfalls chemikalienhaltigen Reinigungsmitteln in der Packung (die natürlich auch aus Plastik ist) auflösen. Gemeinsam mit Fetten aus den Abwässern bilden sie ganze Verstopfungen in der Kanalisation. Die Verrottungsdauer ist genauso unendlich lang, wie bei anderem Plastik. Wenn Sie feuchte Tücher brauchen, greifen Sie besser zu Windelvlies. Dies ist aus ungebleichter Baumwollfaser und löst sich auch in Wasser nicht auf. Ein Schraubglas oder eine Plastikdose mit Deckel beherbergt unterwegs die vorbereiteten feuchten Tücher. Ein Waschlappen soll für unsere Großelterngeneration ebenfalls zum Abwischen klebriger Kinderfinger und sogar morgens für den Allerwertesten getaugt haben. Vielleicht ist es wieder Zeit, zu diesen antiquierten Mitteln zu greifen.

17 Gewöhnen Sie sich den Weichspüler ab und verwenden Sie ein Waschmittel ohne lösliche Kunststoffe.

Wirklich erschreckend ist es zu erfahren, in wie vielen Waschmitteln lösliche Kunststoffe enthalten sind. Stiftung Warentest hat nur etwa fünf Produkte gefunden, die keine dieser bedenklichen Stoffe enthielten. Weichspüler enthalten neben transformierten Fetten aus Schlachtabfällen noch so einiges an höchst giftiger Petrochemie. Beides sollte gar nicht in die Umwelt gelangen. Wäscheparfüms sind absolut unnötig, denn sie verschmutzen die Gewässer und sind ebenfalls pure Chemie, die niemand dringend benötigt. Wenn Sie an die Verwendung solcher Zusätze in der Wäsche gewöhnt sind, wird es Ihnen zunächst schwerfallen, Weichspüler und

Co. wegzulassen. Ihr Geruchssinn wird sich aber schnell verändern und Sie werden nichts mehr vermissen.

18 Gehen Sie mit wiederverwendbaren Gemüsebeuteln und Jutetaschen einkaufen.

Die Nutzungsdauer einer Plastiktüte liegt nur bei wenigen Minuten. Dann fliegt sie in den Mülleimer. Stattdessen könnte man ja auch einen Stoffbeutel nutzen. Sehr leichte wiederverwendbare Gemüsenetze bekommen Sie mittlerweile im Handel. Planen Sie Ihren Einkauf, bevor Sie losfahren. So vermeiden Sie verdorbene Lebensmittel im Kühlschrank, die durch Spontankäufe oft am Ende der Woche weggeworfen werden und Sie können in Einem die benötigten Beutel und Tüten einpacken.

19 Kaufen Sie keine neuen Möbel aus Pressholz.

Wenn Sie heute in ein Möbelgeschäft gehen, können Sie keine Möbel ohne Plastik mehr kaufen. Solange Sie nicht zu einem Schreiner gehen und ein Bett aus unbehandeltem Holz verlangen, kommen Sie um Plastik nicht herum. Pressholzmöbel, alle Sorten Bodenbeläge und auch Tapeten dünsten einen Cocktail an Chemikalien in die Umgebungsluft aus. Dies führt dazu, dass Sie – in Kombination mit dem Dunst aggressiver Reinigungsmittel – in Ihrer Wohnung eine gesundheitsgefährdendere Luft einatmen als neben einer stark befahrenen Straße. Sagen Sie lieber „Nein danke!“ und kaufen Sie Antiquitäten. Das kostet weniger, die Möbel sind stabiler, wertiger und garantiert ohne Formaldehyd.

20 Nutzen Sie erneuerbare Energien statt Erdöl zum Heizen, Autofahren etc.

Plastik sparen ist die eine Sache. Das Ausgangsmaterial Erdöl sollte aber ebenfalls möglichst sparsam verbraucht werden. Wenn Sie die Möglichkeit haben, dann nutzen Sie elektrische Antriebe und eine Heizung, die mit erneuerbaren Energien betrieben wird. Wählen Sie einen Ökostrom-Tarif, um auch hier Ihren ökologischen Fußabdruck klein und Ihren CO2-Ausstoß gering zu halten.

21 Verwenden Sie zum Putzen Lappen aus alter Kleidung oder Handtüchern statt gekaufter Tücher.

Die Wohnung putzen muss Jeder. Dabei scheiden sich auch unter Plastik-Gegnern die Geister: Mit einem Baumwolltuch das Plastik aus dem Tuch an sich einsparen oder mit Microfasertüchern einen Teil der Putzmittel vermeiden. Aber was viele Menschen nicht wissen: Auch die Baumwolltücher enthalten meist einen gewissen Anteil an Kunststofffasern. Wenn Sie also alte Kleidung in den Sack stecken wollen, überprüfen Sie einfach, ob Sie nicht einige Teile als Putzlappen weiterverwenden können.

22 Verpacken Sie Geschenke in einem wiederverwendbaren Baumwolltuch und verschnüren Sie sie mit Kordel.

Geschenkpapier kann durch alte Zeitungen oder auch durch schöne Baumwollstoffe ersetzt werden. Dazu können Sie entweder einmalig ein Stück Stoff im Handel kaufen oder auch eine schöne, aber nicht mehr benötigte Tischdecke verwenden. Statt der üblichen Ringelbänder können Sie eine Kordel, oder wiederverwendbare Schleifen nutzen. Das sieht ebenso schön aus, aber Sie haben keine Tonne voll Papier- und Plastikmüll nach Weihnachten.

23 Lehnen Sie Strohhalme, Kondensmilch-Döschen und Plastikrührer ab.

Versuchen Sie wann immer es möglich ist, die zahlreichen zu Kaffee oder anderen Getränken gereichten Zugaben abzulehnen. Sagen Sie am besten direkt bei der Bestellung, dass Sie keinen Strohhalm haben möchten. Bitten Sie die freundlichen Mitarbeiter hinter Theken oder in Restaurants ruhig um eine wiederverwendbare Alternative, falls Sie selbst keine dabei haben.

24 Ersetzen Sie Ihre Elektronik nur dann, wenn es wirklich nötig ist.

Wirklich kein Mensch braucht immer das neueste Handy und die letzte Entwicklung in der Technik. Erfreulich ist die Tendenz der letzten Jahre, Medien vorwiegend elektronisch zu beziehen, statt sie physisch zu Hause in riesigen Sammlungen zu verwalten. DVDs und CDs sind ja ebenfalls aus Kunststoff. Ersetzen Sie wenn möglich die einzelnen Teile, die an Ihren Geräten kaputt sind. Wenn der Akku des Handys langsam schlappmacht, können Sie statt eines ganzen neuen Handys auch nur den Akku ersetzen. Bei einem defekten Akku am Laptop können Sie sogar überlegen, ob Sie den Laptop wirklich ohne Stromkabel nutzen oder ob der Betrieb mit Kabel nicht einfach ausreicht.

25 Verpacken Sie Ihre Verpflegung in Edelstahldosen, Bienenwachstüchern oder Bügelgläsern.

Mittlerweile gibt es eine Fülle an Alternativen zu einer Plastikdose. Besonders schön sehen Bügelgläser aus. Sie sind ideal zum Mitnehmen vorbereiteten Essens, auch wenn dieses z.B. noch mit heißem Wasser aufgegossen werden muss. Für das Brot eignet sich eine Dose aus Edelstahl oder ein Bienenwachstuch.

26 Kaufen Sie grundsätzlich keine Synthetik-Kleidung.

Vor allem bei den ersten Wäschen verlieren Synthetik-Kleidungsstücke sehr viele Nano- und Mikropartikel, die mit dem Wasser in die Kanalisation gespült werden. Vermeiden Sie den Neukauf solcher Kleidung wo es nur geht und kaufen Sie lieber Naturfasern. Auch bei Schurwolle ist oft Polyamid beigemischt, damit die Form leichter erhalten bleibt. Als Plastik-Sparer ist das natürlich nicht im Sinne des Erfinders. Die Meisten Naturfasern werden außerdem synthetisch Aufgerüstet, damit sie bessere Oberflächeneigenschaften haben.

27 Verwenden Sie Stoffbinden oder eine Menstruationstasse statt Tampons und Wegwerfbinden.

Zugegeben, dies ist ein Thema nur für Frauen und auch hier nicht für alle das Richtige. Monatshygiene ist eine sehr persönliche Angelegenheit. Für diejenigen, die aber experimentierfreudig oder entschlossen sind, gibt es Alternativen zu Tampons und Binden. Denn diese bestehen mitnichten aus reiner Zellulose. Sie enthalten eine große Menge Chemie, die über die dünne Haut und Schleimhäute in den Körper gelangen. Menstruationstassen oder waschbare Binden sind plastikfrei oder zumindest mit sehr viel weniger Plastikmüll verbunden.

28 Kaufen Sie kein Backpapier mehr.

Es heißt zwar Papier, ist aber Papier mit einer dünnen Silikonbeschichtung. Durch die Beschichtung klebt das Backwerk nicht mehr an Springform und Blech. Auch Dauerbackfolien bestehen aus Fiberglas, also Plastik. Es ist zwar ein wenig mehr Aufwand und die Kinder bekommen keine Muffins in lustigen Tierformen, aber Silikonbackformen und Backpapier kann man auch umgehen. Das haben die in diesem Kapitel schon mehrfach bemühten Großmütter schließlich auch geschafft. Buttern Sie Auflaufformen oder Kuchenformen und streuen Sie sie mit Semmelbröseln aus, statt Backpapier zu verwenden. Das hat plastikfrei denselben Effekt wie Backpapier.

29 Nutzen Sie Pfannen mit Keramikbeschichtung.

Die Hersteller von antihaftbeschichteten Pfannen sagen zwar, das Material sei nicht gesundheitsschädlich, jedoch enthalten auch die meisten Beschichtungen Kunststoffe. Mit einer keramischen Beschichtung umgehen Sie dieses Plastik.

Vielleicht müssen Sie Ihre Routinen in der Küche ein klein wenig verändern, denn eine Keramikauflage ist eben keine Antihaftbeschichtung. Dafür sind diese Pfannen langlebiger, denn sie zerkratzen nicht so leicht.

30 Schlachten Sie alte Dinge aus

Wenn ein Rucksack kaputt ist, werfen viele Menschen ihn komplett weg. Ebenso ergeht es einem alten Hemd, einer Jeans oder anderen Gegenständen im Haushalt. Bei Textilien kann man aber noch einige Teile retten: Schneiden Sie die Knöpfe von alten Hemden ab und verwahren Sie diese. Entfernen Sie von dem alten Rucksack die Gurte oder Schnallen, Metallteile oder Reißverschlüsse. Vielleicht können Sie diese Einzelteile später wieder verwenden und müssen dann keine neuen Knöpfe aus Plastik kaufen.

12. Durch Selbstversorgung glücklich werden: Geht das?

Unser Leben verursacht Emissionen und wir müssen Lebensmittel, Kleidung und andere Verbrauchsgüter konsumieren. Wenn wir am gesellschaftlichen Leben teilhaben wollen, müssen wir außerdem mobil sein und eventuell Geld dafür aufwenden, das wir zuvor in einer geregelten Tätigkeit erarbeiten müssen. Wir können uns vom Konsum und von den Emissionen nur dann vollständig befreien, wenn wir sterben. Dessen muss man sich bewusst sein und dann entscheiden, wie man den Konsum und die Emissionen des eigenen Lebens gestalten möchte. Ein Weg, die Natur zu schonen und eine stärkere Verbindung zu ihr aufzubauen, besteht in der Selbstversorgung.

Viele Vor- und Nachteile der Selbstversorgung auf allen Ebenen und in allen Bereichen wurden nun erläutert und gegeneinander abgewogen. Welchen Weg Sie selbst gehen möchten mit Ihrer Vorstellung der Selbstversorgung, das wird die Zukunft zeigen. Seien Sie nicht enttäuscht von sich selbst, wenn Sie nicht den Idealzustand erreichen. Selbstversorgung braucht Zeit, Hingabe und sie bedeutet Aufwand. Nicht umsonst hat sich die Gesellschaft für ein anderes System entschieden, denn wer sich spezialisiert statt alle Arbeiten selbst zu tun, der kann auf seinem Spezialgebiet effektiver sein. Manchmal lohnt sich das Selbermachen einfach nicht, sei es aus finanzieller Sicht oder auch aus der Perspektive der Qualität, Ergebnissicherheit etc.

Sie müssen sich nicht selbst versorgen. Wahrscheinlich haben Sie einen ganz normalen Job, der Sie täglich fordert und einen großen Teil Ihrer Zeit beansprucht. Reine Selbstversorger haben letztlich auch einen Vollzeitjob mit all ihren Arbeiten. Wenn Sie nun von sich selbst erwarten, dass Sie beides können, dann stellen Sie schnell fest, dass die Tage für die anfallenden Arbeiten einfach zu kurz sind. Das ist nicht zurückzuführen auf Ihr Zeitmanagement, sondern einfach eine Tatsache, der auch Sie nicht entfliehen können.

Bei der modernen Selbstversorgung geht es vielmehr darum, ganz gezielt und nur in ausgewählten Bereichen sich selbst zu versorgen. Dies kann entweder ergänzend zu einer vollen Erwerbstätigkeit und wie ein entspannendes Hobby betrieben werden, dafür aber bei weitem nicht vollständig den Bedarf decken. Oder Sie haben ohnehin aufgrund Ihrer aktuellen Lebenssituation mehr Freizeit und möchten diese nun nutzen, um mit der Selbstversorgung zu beginnen.

Wenn Ihr Plan ist, sich nach und nach immer mehr selbst zu versorgen, dann werden andere Erwerbstätigkeiten notgedrungen zeitlich eingeschränkt. Machen Sie sich in diesem Fall bewusst, dass Sie mit weniger Geld aus Ihrer regulären Arbeit auch mehr abhängig von der Selbstversorgung sein

könnten. Das bedeutet, dass gewisse Dinge, wie eine gute Wirtschaftsweise und Planung, dann einfach funktionieren müssen, weil Sie sonst vielleicht finanzielle oder versorgungstechnische Probleme bekommen könnten. Dieser Schritt will wohl überlegt sein und in der Übergangsphase zwischen voller Erwerbstätigkeit und Selbstversorgung werden Sie viel Energie zusätzlich zu Ihrer bisherigen Arbeit aufwenden, um die Eigenversorgung auf stabile Füße zu stellen und den stabilen Ertrag zu sichern. Sicher werden Sie dann auch versuchen, probeweise von den selbst erzeugten Nahrungsmitteln zu leben, bevor Sie aufs Ganze gehen. Das ist eine anstrengende Phase, die auch mit dem Rest Ihrer Familie vorher besprochen werden sollte.
Trotzdem: Selbstversorgung macht Freude und erdet Menschen. Sie ist insgesamt gesehen ein Zugewinn in der sich immer schneller drehenden Welt um uns herum. Sie bildet uns auf eine besondere Weise und stärkt unseren Charakter, schärft die Wahrnehmung für uns selbst und unsere Umwelt. Wenn die Mühen dann zu einem Erfolg werden, fühlt sich das großartig an – auch für unsere gestresste Mutter Erde.

Haftungsausschluss

Die in diesem Buch enthaltenen Informationen und Ratschläge dienen der allgemeinen Orientierung über die Themen Selbstversorgung, Gärtnern und Tierhaltung sowie das Herstellen von Naturkosmetik und Putzmitteln sowie über Energiegewinnung und Wasseraufbereitung. Sie sollen unter keinen Umständen medizinische und pflegerische Beratung durch einen Fachmann ersetzen und dienen ausschließlich zu Informationszwecken. Der Text ersetzt keinesfalls eine medizinische Beratung durch einen Arzt. Er darf nicht als Basis zur eigenständigen Diagnose und Beginn, Änderung oder Beendigung einer Behandlung verwendet werden. Bei gesundheitlichen Fragen, Beschwerden oder Problemen konsultieren Sie immer Ihren Arzt! Wissenschaftliche Erkenntnisse verändern sich ständig, daher kann eine 100% Aktualität der vermittelten Informationen nicht gewährleistet werden. Der Anwender ist verantwortlich für die konforme Anwendung und Nutzung der Inhalte im Sinne gesetzlicher Bestimmungen. Das Buch, inklusive aller Inhalte, gewährt keine Garantie oder Gewähr für Aktualität, Korrektheit, Vollständigkeit und Qualität der bereitgestellten Informationen. Druckfehler und Fehlinformationen können nicht vollständig ausgeschlossen werden. Der Autor lehnt innerhalb des gesetzlichen Rahmens jegliche Haftungsansprüche ab, die sich direkt oder indirekt aus der Anwendung oder Falschanwendung der in diesem Buch gegebenen Informationen ergeben.

Deutsche Erstausgabe 2019

Harper & Coleman -
René Engert
Lütjes Feld 24
31832 Springe

Covergestaltung und Satz: Wolkenart - Marie-Katharina Wölk, www.wolkenart.com

ISBN: 978-3-9821202-3-2

Druck: Printed by Amazon Distribution
Imprint: Harper & Coleman
1. Auflage

Printed in Poland
by Amazon Fulfillment
Poland Sp. z o.o., Wrocław

50493322R00103